MENSCH
MÖNCH

LEBEN IM KLOSTER

Text von
JOACHIM F. ANGERER
Photographien von
LOIS LAMMERHUBER

TYROLIA-VERLAG · INNSBRUCK-WIEN

In Dankbarkeit
dem Andenken an
Frau Elisabeth V. Schmischke,
geborene Würtz,
30.10.1920 – 21.12.1994,
gewidmet.

Eibenstein
IN PATRIA

J.A.

Vor- und Nachsatz:
Wieskirche, Deckenfresko von Johann Baptist Zimmermann,
„Die Heimholung der Welt durch Christus, das Maranatha der Urkirche".
Im Schnittpunkt der Längs- und Querachse des Bildes erscheint Christus,
der auf seine Herzwunde zeigt, aus welcher den Menschen die göttliche
Liebe zufließt. Die Vollendung der Erlösung, nicht so sehr die Bestrafung bildet das
Thema dieser auch theologisch höchst bedeutsamen Darstellung. Dabei werden
die Menschen auch daran erinnert (im Tor zur Ewigkeit, das dem Richterthron
Christi thematisch und kompositorisch gegenübergestellt ist):
„Et tempus non erit amplius – es wird einmal keine Zeit mehr geben".

INHALT

DER MENSCH MÖNCH DER MENSCH NONNE

Nur selten tritt der Mönch oder auch die Nonne im Alltagsbild in Erscheinung. Gibt es denn heute noch Menschen, die in ein Kloster gehen? Wer ist der Mensch überhaupt, der sich hinter die Klostermauern flüchtet? Etwa nur der so oft strapazierte „Mensch-Meier"? Oder doch ein lebensuntüchtiger Romantiker, ein Aussteiger, ein Exot aus längst überholten Zeiten? Vielleicht gar ein Abartiger?
Solche und ähnliche Fragen mögen in den Köpfen vieler Zeitgenossen herumgeistern und wühlen, wenn sie einem „Klosterbruder" oder einer „Klosterschwester" begegnen, wenn sie von einem „echten Mönch" oder einer richtigen „Nonne" durch die Säle, die Zimmerfluchten und durch die Kirche einer alten Abtei geführt werden, die von ihnen und ihren Vorgängern meist schon seit Jahrhunderten bewohnt sind. „Lebt in diesem Schloß noch jemand", werden insbesondere unsere jüngeren Mitbrüder, die Kleriker, bei Führungen gelegentlich gefragt. Neugierige und unbedarfte Stiftsbesucher mögen diese Mitbrüder gar für gut und stilgerecht verkleidete Museumswärter halten. Nach dem Motto: „Sind Sie echt?" Ein Großteil der Teilnehmer massentouristischer Rundreisen oder „Europatrips" läßt sich ohnedies nur der Kunstdenkmale und Kunstschätze wegen vor den Kirchen und Klöstern an Land schwemmen, ohne mehr in ihre fernen Heimatländer mitnehmen zu können als ein Erinnerungsfoto. Solche Auswüchse und Entwicklungen seien nicht nur einseitig beklagt; denn gerade wir im klösterreichen Österreich können die Baulast unserer Häuser meist nur mehr dank der zusätzlichen Einnahmen aus dem Fremdenverkehr bewältigen. Darüber hinaus besteht bei aller Kürze eines Besuchs in den Stiften die Chance, an den alten Gottesburgen und ihrem Zustand abzulesen, daß der Mönch, die Nonne, der Pater und Bruder, die Mater und die Klosterschwester tatsächlich noch existieren. Ohne ihrem unermüdlichen und unentgeltlichen Einsatz nämlich, bei Tag und Nacht, wären solche Großanlagen heute kaum mehr zu erhalten. Die öffentliche Hand, zumindest in Österreich, ist dazu nicht in der Lage.

Mönch und Nonne gibt es also nicht etwa immer noch oder nur bei Werbesendungen im Fernsehen oder schon wieder, es gibt sie seit Jahrtausenden. Und es gibt sie in allen großen Weltreligionen. Manche meinen sogar zu wissen, etwas vom Mönch stecke archetypisch in jedem von uns. Dies zeigen der Buchtitel und das Buch von Raimond Panikkar: „Den Mönch in sich entdecken." Ist es unter Umständen sogar denkbar, daß wir uns bis jetzt ein ganz falsches Bild, wenn überhaupt, von jenen Menschen gemacht haben, die in Krankenhäusern als Ordensfrauen ihre Dienste leisten oder wie Mutter Theresa, die weltweit bekannte Friedensnobelpreisträgerin, überall dort einspringen und tätig werden, wo alle Sozialeinrichtungen versagen, wo Menschen einfach die selbstlose Liebe und Zuwendung ihrer Mitmenschen von Nöten haben? In Kalkutta, in den Slums der Großstädte, in Albanien, auf allen Kontinenten dieser Erde? Wird das Wirken dieser Frauen nicht erst auf dem Hintergrund ihrer Motivationen, also ihres So-Seins verständlich, das aus dem Grundsatz abgeleitet werden kann: „Wenn es etwas gibt, worin Gott sich am meisten offenbart, dann ist es die Wirklichkeit der Liebe. Du bist jemand, nur insofern du liebst; und nur was in deinem Leben zu Liebe geworden ist, wird bestehen bleiben."

Wer kennt nicht Roger Schutz von Taizé, dem hunderttausende Jugendliche aus aller Herren Länder und Konfessionen zulaufen, wenn er in eine Großtstadt, in einen Dom oder in die Wüste zum Gebet einlädt? Weshalb vertrauen wir denn der Erfahrung eines „Kräuterpfarrers", der mein Mitbruder ist, oder den alten Klosterrezepten, die nicht selten, abgezapft und mit Alkohol versehen, als „Kräuterbitter" oder „Klosterliqueur" willkommene Mitbringsel sind und als Medizin geschätzt und regelmäßig angewendet werden? Wie viele Eltern schließlich schicken ihre hoffnungsvollen Sprößlinge in die Klosterschulen, in der Überzeugung, damit eine solide, ganzheitliche Ausbildung ihrer Kinder gewährleistet zu haben? Die Welt der Klöster und zwar nicht nur aus der Rückschau in eine meist glorreiche Geschichte, sondern von den Menschen im Kloster jetzt und heute getragen, reicht also recht weit in unser aller Alltagsleben hinein und beeinflußt es viel weitgehender, als wir uns dessen oft gewahr werden und bewußt sein wollen. Solches sei zunächst nur überblicksartig angedeutet!

Trotzdem sind die Klöster für viele Mitmenschen eine geheimnisvolle und deshalb auch so unverständliche Welt. Ihre sichtbare und zu bewundernde bildhafte Ausformung, die Gebäudekomplexe samt ihren Anlagen, soweit sie den Stürmen der Zeit trotzen konnten, sind keineswegs hohle oder leere Paläste vergangener Epochen. In ihnen pulsiert meist aktives Leben, wenngleich ihre Barockfassaden, im Stil und Empfinden einer anderen Zeit erbaut, solches nicht überall ahnen lassen. Alle diese Häuser leben nur durch die Menschen, die diese Klöster ausmachen. Den Gegenbeweis liefern die im Kommunismus zweckentfremdeten und säkularisierten Klöster, die jetzt wieder ihren eigentlichen Besitzern und Hütern, die im Untergrund und in Gefängnissen überlebten, zurückgegeben wurden. Ich kenne aus eigener Anschauung viele Abteien in Tschechien, der Slowakei und in Ungarn, weil ich im Auftrag unseres Ordens erste Hilfeleistungen einzuleiten hatte, die als Museen und Depots (Strahov, Břevnov, Emmaus in Prag, Csorna bei Györ in Ungarn), als Kasernen (Tepl/Teplá bei Marienbad/Marianske Lazne, Neureisch/Nova Řisě bei Teltsch/Telč) oder als Irren- und Trinkerheilanstalten (Želiv bei Humpolec, Jasov in der Slowakei) von den Machthabern des totalitären Systems benutzt wurden, und ich wurde zum Zeugen, in welchem Zustand diese Gebäude von den Kommunisten zurückgelassen wurden.

Es erscheint mir daher höchst nötig zu sein, einmal den Menschen, die in solchen Klöstern leben und sie mit Inhalten erfüllen, nachzugehen. Bis jetzt kamen nämlich in vielerlei Publikationen vor allem die historischen, die kultur- und kunstgeschichtlich bedeutungsvollen sowie die wirtschaftlichen Aspekte und Belange, eben das nach außen hin Schöne des „Klösterreichs" zur Geltung und Darstellung. Diese meine Ausführungen sollen nun einen Blick hinter Klostermauern und hinter die Fassaden werfen lassen. Wir dringen dieses Mal nicht nur in die Klausur, also in den Intimbereich eines Klosters ein, nein, wir nehmen uns eben den Menschen aufs Korn, der sich in eine Klosterzelle, nach Vorstellung der Welt, „einsperren" läßt. Ist er wirklich eine so merkwürdige, oder gar eine bedauernswerte, eine unglückliche Figur? Ein Mensch auf der Flucht aus der Härte des Berufslebens? Gewiß das mittelalterliche Axiom: „Cella caelum – die Zelle ist ein bzw. der Himmel" nimmt uns heute niemand mehr ab, auch das Argument – eine Drittordensschwester wollte mich so zum Eintritt ins Kloster bewegen, zu einer Zeit, da sich meine Gedanken noch in sehr weltlichen Gefilden bewegten – „im Kloster hat man die Füße immer unter einem gedeckten Tisch" greift heute nicht mehr. Dennoch sollten wir fragen, ob von der Idee „Kloster" und den Männern und Frauen in ihnen nicht eine ganz besondere Faszination ausgehen könnte, weil sie nämlich in einer anderen, ganz eigengearteten und einmaligen Dimension leben und ihre Kraft aus Quellen schöpfen, zu denen viele keinen Zugang mehr finden. Nochmals: Vielleicht ließe sich aus dem Verständnis solchen Lebens und solcher Persönlichkeiten sogar für jeden der in der „normalen" Welt Lebenden eine innere Bereicherung, eine Besinnung, unter Umständen sogar eine Neubesinnung ableiten? Und übersehen wir nicht: Wenn Reinhold Schneider die Klöster „Brücken im Strom der Zeiten" nennt, dann muß doch – dieser Gedanke ist naheliegend – etwas von alledem in den traditionsbezogenen klösterlichen Gemeinschaften, die vor allem in Österreich und in der Schweiz – überall sonst gab es die Klosterauflösung und Säkularisation – auf Jahrtausende und Jahrhunderte zurückblicken können und bestehen, bis auf unsere Tage erhalten und weitergegeben worden sein. Das Wort und die Frage von Ludwig Wittgenstein müßte auch heute noch Gültigkeit besitzen: „Menschen sind in vorigen Zeiten ins Kloster gegangen. Waren das etwa dumme oder stumpfe Menschen?" – Wer sind nun diese Menschen? Darauf möchte ich in den nachfolgenden Ausführungen eine Antwort geben.

Ich schlage daher vor, wir scheuen uns nicht, dem Mönch oder der Nonne ins Gesicht zu schauen. Mönch und Nonne, beide Begriffe als Synonyme benutzend für die schier unüberschaubare Vielfalt von „Religiosen", die in einem Bildband nicht „unterzubringen" sind. Wir beschränken uns im vorliegenden Buch auf die alten Orden, wobei die geschlechtstypischen Eigenheiten keineswegs unberücksichtigt bleiben sollen. Ich liefe ja sonst Gefahr, von einer Nonnen-Emanze zu Recht gemaßregelt zu werden, wobei mir Frauen dieses Zuschnitts in den Orden und Kongregationen bisher kaum begegnet sind. Indem ich die offiziellen Fachausdrücke der katholischen Kirche allmählich einfließen lasse, sei nicht überspielt, daß es fast unüberschaubar viele und unterschiedliche Ordensgemeinschaften aus allen Jahrhunderten und Erdteilen gibt, die sich obendrein noch in eine verwirrende Vielfalt von Ordenskleidungen einzuhüllen belieben. Von daher auch die launige Frage: „Was kennt selbst der liebe Gott nicht?" Antwort: „Den letzten Groschen eines Kapuziners und alle die vielen Schwesterngemeinschaften samt ihren unterschiedlichen Ordenstrachten!"

Stift Zwettel (N.Ö.), Kreuzgang. Die Mönche bei den „Collationes" oder „Kollatzen" (mittelalterliche Eindeutschung). Die geistliche Lesung (Hl. Schrift und Väterlesung) ist wichtiger Bestandteil des spirituellen Lebens im Klosteralltag.

Benediktinerinnen-Abtei St. Erentraud in Kellenried, Deutschland. Meditation.

Jerusalem, Ölbergkloster. Bruder Methodius, 84jährig, lebt mit seinem Sarg in der Zelle. Er wird als Heiliger verehrt, weil er schon zweimal gestorben und wieder ins Leben zurückgekommen sein soll.

SOFT DRINK

Gemeinsame „Rekreation – Erholung" auf der Terrasse des Pilgerheims der deutschen Borromäerinnen in Jerusalem. Von diesem „Paulushaus" aus, gegründet 1908, betreuen die geistlichen Schwestern eine Schule für arabische Mädchen.

Klaustrum, abgeschlossener Innenhof (= claudere schließen, abschließen), im Domkloster von Fritzlar, Deutschland. Fritzlar, das auf den hl. Bonifatius zurückgeht, war ursprünglich Benediktinerkloster, bis 1803, zur Aufhebung, Domkloster, seit 1989 von Geras abhängiges Prämonstratenserpriorat.

Diesen wollen wir gerade deswegen von Angesicht zu Angesicht begegnen. Und ich tue es wieder, wie schon in meinem Buch „Klösterreich", zu dem hier die Ergänzung nach fast 15 Jahren geschrieben werden soll, in redlicher Offenheit. Ich beabsichtige dabei vor allem jene Mitmenschen als meine Begleiter vor Augen zu haben, die mit Kirche und Kloster nichts anzufangen vermögen, ja, die diesen Einrichtungen sogar skeptisch gegenüberstehen.
Übrigens, diese letzten 15 Jahre sind an der Kirche und den Klöstern nicht spurlos vorübergegangen. Wirrnisse und Verunsicherungen haben zugenommen. Und mittlerweile beneiden uns schon manche Weltgeistliche, vor allem uns, die Angehörigen der alten Orden, die exemt, also nur der eigenen Ordensobrigkeit und dem Heiligen Stuhl in Rom verpflichtet sind. Auch unter diesem Gesichtspunkt besteht ein gesteigertes Interesse an den Abteien und Stiften. Ihre Häuserkomplexe gleichen sicheren Felsen in der gelegentlich stürmischen Brandung des Gezeters um progressiv und konservativ, zwischen Reaktionären oder Fundamentalisten und Modernisten. Die Stifte sind durch ihre Tradition zu einem unerschütterlichen Faktor der Stabilität geworden. Ob dadurch nicht auch das Österreichische als solches geprägt wurde und wird? Der ununterbrochene Bestand der Stifte in Österreich und ihre Geschicke, vom 8. Jahrhundert (St. Peter und Nonnberg in Salzburg) bis ins Heute, kann aus der Geschichte Österreichs wie überhaupt Europas ganz einfach nicht weggedacht und weggewischt werden. Übergehen wir zunächst Einzelheiten und Zusammenhänge! Dies später!
Es sei gestattet, einen Hinweis zu meiner eigenen Person und folglich auch zu meiner Legitimation zu diesem Buch zu geben, weil eine Schilderung des Menschen im Kloster notwendigerweise auch autobiographische Züge tragen muß: Vor mehr als 40 Jahren, 1954, „nahm" ich in Scheyern, unter dem damaligen Abt, der den Wappenspruch „Pater noster – unser Vater" hatte, Abt Franz Schreyer, „den Habit der Benediktiner". Eine Ausdrucksweise der „monastischen Fachsprache" – mein römischer Professor, der berühmte Historiker und Benediktiner P. Kassius Hallinger, würde an dieser Stelle von „monastischer Phraseologie" sprechen –, die ich, wie schon vorher erwähnt, überall gerne anbringen werde, um auch darin „Weiterbildung", wenn sie erwünscht ist, darzubieten. „Habit der Benediktiner" also und nicht „Soutane", wie bei Weltpriestern, weil beim hl. Benedikt selbst die Mönchskleidung noch nicht zum Standessymbol hochstilisiert war. Seine Brüder sollten in ihrer Kleidung untereinander gleich sein. Es durfte innerhalb der klösterlichen Gemeinschaft keine Unterschiede geben – nach außen hin, obwohl Benedikt seine Söhne ermahnt, „sich dem Treiben der Welt entziehen!" (Regel des hl. Benedikt, Kapitel 4, Vers 20) Nach außen hin glichen sie in ihrer Kleidung den römischen Sklaven, den Arbeitern oder Bauern. Dies ein kleiner, heute wieder notwendiger Beitrag zur „Entmythologisierung" von monastischer oder klerikaler Kleidung, die dort nicht zu tragen, wo es die Vernunft oder praktische Gründe gemahnen, nichts mit Verleugnung des „Standes der Vollkommenheit" zu tun hat, wie ich auf der anderen Seite manchem Kleriker, der den „Priesterkragen, das Kollar" – böse Zungen, natürlich Insider der Szene, reden vom „Gewerbeschein"! – besonders steif und hoch trägt, nicht immer nur Bekennermut für das „mutige Tragen" solcher Zeichen der Distinktion zusprechen möchte. Übrigens auch in der Klosterregel des Augustinus ist der Habit kein Thema. Weil wir schon dabei sind, füge ich gleich noch hinzu, daß die „Kutte" der Bettelorden aus der Hirtenkleidung der umbrischen Heimat des hl. Franz von Assisi entstand, und die Vinzentinerinnen, deren Abgehen von

ihren schmucken, aber unpraktischen „Flügelhauben" mancher Nur-Ästhet bedauerte, ebenfalls schlicht die Tracht der Bäuerinnen (in der Ile-de-France) ihrer Gründungszeit übernahmen. Fassen wir kurz zusammen, was jetzt an vielleicht verwirrenden Fachausdrücken genannt wurde: Der Weltkleriker trägt eine „Soutane" – übergehen wir die Steigerungs- und Spielformen kirchlicher Hierarchie, angefangen von der violetten Umrandung der Knopflöcher („Knopflochentzündung" auf bayerisch) bis zum strahlenden Purpurrot der Eminenzen, der hochwürdigsten Herren Kardinäle –, die Angehörigen der alten Orden (mehr darüber später!), deren Ordenskleid auf der Tunika und Toga der Römer basiert, legen Wert darauf, zu ihrer „Einkleidung" einen Habit zu bekommen („*der* Habit", weil vom lateinischen Maskulinum „habitus" abgeleitet; keinesfalls, wie es modern oder geläufig geworden ist, „*das* Habit"). Der „Kutte" sieht man es an, bei welchen Orden, wie schon erwähnt, sie in Verwendung steht.
Ich bin etwas abgewichen. Mit Überlegung, um nicht mit meinem Werdegang zu langweilen, den vorzutragen ich nicht unterlassen möchte; denn es soll durchaus einbekannt werden, daß ich bei den Benediktinern eben mein Klosterleben begann – ich bin ihnen bis heute für die gute Ausbildung in Scheyern selbst (Noviziatsjahr 1954–55), in Salzburg (1955–57) und an der Benediktinerhochschule Sant'Anselmo in Rom (1957–61) ehrlichen Herzens dankbar – und bei den Prämonstratensern, die in der Regelnachfolge Augustins stehen, nämlich im Stift Geras, meine endgültige Heimat fand. Mit diesem Exkurs in mein Leben möge deutlich werden, daß Klosterleben wie alles Leben mit Risiko verbunden ist und mitnichten nur statisch oder gar erstarrt verstanden werden kann. Gleichzeitig wollte ich eben meine Grundlagen offenlegen.
Fast hätte ich vergessen – und das ist die schwierigste Veränderung in meinem Leben seit Erscheinen des Bildbandes „Klösterreich" vor 15 Jahren: 1986 wählten mich meine Mitbrüder zu ihrem Abt. Davor bekleidete ich schon fünf Jahre lang das Amt eines Priors in Geras und trage seit 1969 als Provisor, „Waldmeister" und „Wirtschaftsdirektor", wie mich Robert Lembke einstens seinen Zusehern vorstellte, die Verantwortung im Temporalienbereich meines Klosters. Meine Abtwahl freilich ließ mich sehr schnell erkennen, wie ach so recht der berühmte Melker Benediktiner und Historiker Bernhard Pez mit seiner Feststellung hatte: „Was das Löschhorn für die Kerze, ist die Mitra für das Haupt eines Gelehrten." Bei mir bewahrheitet sich dieses Wort zu meinem großen Leidwesen. Bernhard Pez, der berühmte Polyhistor des barocken Melk, tröstete sich damals mit diesem Bonmot nach der für ihn negativ ausgegangenen Abtwahl. Meine neue Aufgabe bedingt für mich auf der anderen Seite einen noch engeren Kontakt zu den Menschen hinter Klostermauern, ihren Eigenheiten und Nöten, ihrem Glück und ihren Idealen.
Dabei verstehe ich mein Amt im Sinne der Regel des heiligen Augustinus, daß nämlich der „Obere sich bewußt bleibe, er habe dereinst vor Gott für jeden von ihnen Rechenschaft abzulegen". Es heißt dort zwar auch: „Dem Vorgesetzten sollt ihr gehorchen wie einem Vater", aber dieser darf nicht vergessen, wie im gleichen Kapitel 11 zu lesen ist: „Durch seine Stellung stehe er über euch, vor dem Angesichte Gottes liege er in Furcht zu euren Füßen." Ähnlich, aber differenzierter formuliert St. Benedikt im 2. Regelkapitel (Vers 31): Der Abt „muß wissen, welch schwierige und mühevolle Aufgabe er auf sich nimmt: Menschen zu führen und der Eigenart vieler zu dienen. Muß er doch dem einen mit gewinnenden, dem anderen mit tadelnden, dem dritten mit überzeugenden Worten begegnen. Nach der Eigenart und Fassungskraft jedes

Stiftskirche der ehemaligen Prämonstratenser Reichsabtei Schussenried (heute Bad Schussenried), Deutschland. Wie mit einem bunten Bilderbogen sind die Chorstallungen geschmückt: Neben biblischen Darstellungen kommen vor allem die verschiedenen Ordensgründer zu Ehren. Die gesamte Kirche ist sehenswert und spricht junge und alte Menschen an. Im Bild: Pfarrer Anton Schmid, „Canonicus Familiaris", Ehrenkanoniker von Geras. Die 1183 gegründete Abtei wurde 1803 säkularisiert. Die Klostergebäude sind heute größtenteils Nervenheilanstalt. Berühmt der Bibliothekssaal *(siehe S. 36–37).*

einzelnen soll er sich auf alle einstellen und auf sie eingehen. So wird er an der ihm anvertrauten Herde keinen Schaden erleiden, vielmehr kann er sich am Wachsen einer guten Herde freuen." Ob sich von solchen Grundsätzen immer alle kirchlichen Oberen leiten lassen, die Verantwortung tragen? Der „einfache" Familienvater jedenfalls mit mehreren Kindern wird verstehen, wovon hier die Rede ist, und zumindest etwas vom römischen „pater-familias" sollte in jedem von uns Äbten transparent und spürbar werden. Gerne zitiere ich in der Versammlung meiner Brüder auch das, was die „Kommunität von Brakkenstein", eine moderne Priestergemeinschaft, in der „Regel für einen neuen Bruder" über den Oberen aussagt: „Jeder Leib braucht ein Haupt, jeder Kreis eine Mitte. Nimm freudig den an, der diesen Dienst leistet. Er braucht mehr als jeder andere deine Hilfe und dein Erbarmen. Sieh in ihm die Gegenwart des Herrn, nicht wegen seiner menschlichen Fähigkeiten oder seiner Führungsqualitäten, sondern wegen seiner besonderen Berufung und Gnade." Mit den Worten unserer klösterlichen Lebensgrundlage, der Regel Augustins, ausgedrückt:
„Der Obere soll sich nicht deshalb glücklich schätzen, weil er kraft seines Amtes gebieten, sondern weil er in Liebe dienen kann." Für jeden von uns freilich gilt Augustins Regelwort: „Ehret in euch gegenseitig Gott, dessen Tempel ihr geworden seid."
Zurück zum Mensch Mönch, wobei festgehalten sei, daß es mir weder um eine Typologie noch um Charakterstudien oder psychologische Aussagen geht! Ich will eben den Menschen treffen und schildern, der das Kloster als seinen Lebensbereich gewählt hat, nein, sich dazu berufen fühlen darf. Hier soll nochmals, wie schon einige Male zuvor, durchklingen und deutlich werden, daß es sich dabei um Vorgänge, um Bereiche handelt, die aus der Sicht mit dem „Auge der Welt" allein weder zu erklären noch zu verstehen sind. Umso mehr werde ich mich bemühen, auf alles zwar in normal zugänglicher Form einzugehen, wobei aber der Blick auch frei werden muß in die Welt darüber, in die transzendente Wirklichkeit, aus der allein der Mensch Mönch leben und verstanden werden kann. Eine Bemerkung muß noch vorausgeschickt werden: Der Leser übersehe keinesfalls, daß ich selbst mit jedem Profil und mit jedem Gesicht, das in den Focus unserer Betrachtung gerät, meist konkrete Persönlichkeiten verbinde.
In das Gesicht eines jeden von uns, und dessen bin ich mir bewußt, ist sein Schicksal, und wenn nicht anders, dann in „Blindenschrift" (Christine Busta) eingegraben. Die einen meinen, ab einem gewissen Alter wäre man eben für seine Physiognomie selber verantwortlich, während andere gerne – und ich denke wieder einmal an meinen Lehrer, P. Ildefons Betschart, Salzburg – vom „Gesicht als der interessantesten Landschaft" sprechen. Leid, Schmerz, Freude und Zufriedenheit, aber auch Versuchungen und Veranlagungen ebenso wie die gesamte Entwicklungs- und Entstehungsgeschichte werden oft in unserem Vis-à-Vis ablesbar, ähnlich wie in den Kratern der Vulkane, in denen die aufeinandergetürmten Erdschichten durch die Eruptionen freigelegt wurden. Das Gesicht spiegelt das wider, was wir in der Lage waren oder willens sind, aus unserem Gen-Programm – man redet heute gerne vom Code der Gene, die unser ganzes Leben aus der Erbmasse vorausbestimmen. Ist das alles? Sind wir wirklich so prädestiniert? – umzusetzen. Natürlich sei nichts gegen diese Forschungen gesagt. Wie könnte ich auch? Gilt doch der in Brünn lebende Augustinerprior Gregor Mendel (1822–1884) als Entdecker der Genetik!
In diesem Zusammenhang werde ich daran erinnert, wie fasziniert ich von dem vergeistigten Gesichtsausdruck jener Mön-

che war, bei deren Gottesdienst ich 1984 im Jade-Buddha-Tempel in Shangai anwesend sein durfte. Von allen circa 80 Mönchen und ihren kahlgeschorenen Köpfen ging eine fast überirdische Faszination aus, und ich war von ihnen so beeindruckt, daß ich von jenem Zeitpunkt dieser Klösterreise durch China den Meditationsmethoden der Mönche Asiens größere Aufmerksamkeit zollte. Die Musik und die Liturgie dieser Religion und Welt blieben mir jedoch, um ehrlich zu sein, recht fremd.
In unserer Betrachtung und Darstellung benützen wir das Gesicht wie ein Fenster zu Menschen, die ganz normale Menschen sind, deren Lebensweise aus dem Nur-Menschlichen aber nicht erklärbar wird. Deutungsversuche gibt es natürlich viele. Sie müssen gar nicht aus dem Lager jener kommen, die sehr schnell, manchmal recht leichtfertig und gedankenlos von „überirdisch", von „Berufung" und von den Quellen des „Glaubens" sprechen. Die Schönheit und Geborgenheit, die alte Klöster ausstrahlen, dazu das Gebet und die Gesänge, ziehen Menschen an und erwecken in ihnen eine gewisse Sehnsucht. Nicht minder erwacht die Neugierde, wenn man Männern oder Frauen begegnet, die sich in das Tabu des Habits oder der Kutte hüllen bzw. – heute durch die Frauen der Moslime nicht mehr gar so fremd – ihr Haupt verschleiern.
„Welche Figur steckt denn unter dieser Soutane", so fragten wir uns schon als kleine Meßdiener und lüfteten, während wir zur Wandlung(!) den Saum der Kasel zu heben hatten, ein wenig dieses Geheimnis, indem wir, rein versehentlich natürlich, auch unter die Soutane des uns ausschließlich in dieser Kleidung bekannten Pfarrers griffen. Auf diese Weise eröffnete sich für uns, zwei Stufen tiefer knieend, eine zumindest oberflächliche Einsicht in die Normalität von „Hochwürden". Sie genügte fürs Erste! Eine ehemalige Klosterschülerin bekannte mir gegenüber sogar ein, in dem wohlfeinen Mädchenpensionat der Englischen Fräulein, zweifelten damals – in den dreißiger Jahren! heute im postvatikanischen Newlook der Klosterfrauen passiert solches sicher nicht mehr – die Schülerinnen sogar, ob sich ihre ansonsten verschleierten und in viel Stoff eingehüllten Matres Lehrerinnen auf normal menschliche Weise den für jedermann nötigen Naturalia unterziehen müßten und diesen unterlägen! Dabei gilt doch auch für Menschen im Kloster, was den Römern und Menschen im Mittelalter gleichsam eine Binsenweisheit war: „Naturalia non sunt turpia – was zum Natürlichen gehört, ist nicht schändlich."
Es gibt selbstverständlich eine Vielzahl seriöser Auseinandersetzungen zu unserem Thema. In diesem Zusammenhang und zur Einführung möge vorläufig nur die eine, allerdings beachtenswerte Aussage einer Persönlichkeit angeführt werden, der man nachsagt, sie wäre in ihrer Haltung nicht unbedingt in unmittelbarer Nähe zu Kirche und Glauben gestanden:
Der als Le Corbusier berühmte Architekt Charles Edouard Jeanneret, der mich vor allem wegen seines Kirchenbaus in Rochamp begeistert – selbstredend mag ich auch sein Dominikanerkloster in Toulouse –, gab nach einem Besuch der Kartause Ema bei Florenz – es war 1907 – seine Eindrücke wie folgt wieder: „Eine außerordentliche Empfindung durchströmt mich. Ich erkenne: Eine authentische Sehnsucht des Menschen hat sich hier erfüllt, das Schweigen, die Einsamkeit, aber auch Gemeinschaft und tägliche Begegnung."
Wir werden uns noch zu bemühen haben, den Mensch Mönch bzw. Nonne, deren Leben nach einem ganz anderen Rhythmus zu verlaufen scheint als es üblich ist, in dem zugleich etwas der ureigensten Sehnsucht, jene „authentische Sehnsucht" des Menschen schlechthin transparent wird, in das richtige Koordinatensystem zu bringen. Für den Augenblick nur so viel: Ohne

Geistliche Schwestern zu Besuch im Stift Wilten, Innsbruck. „Altmutter-zimmer".

Was wären mittelalterliche Städte ohne Klöster, Kirchen und Türme? Malerisch fügen sich die Patres (Karmeliten) mit ihren "zeitlosen" Trachten, dem Habit, ins Bild. Segovia in Spanien.

Gottbezogenheit wird Mönch oder Nonne und auch der Mensch Mönch einem Außenstehenden nicht begreifbar. Viele Außenstehende verfallen heute ohnedies der Versuchung, Kloster und Klerus nur an der Zölibatsfrage zu messen und am Gelübde der Ehelosigkeit. Auf diesem Weg kann man sich dem Phänomen Berufung aber nicht nähern. Die zur Nachfolge Gerufenen bemühen sich um ein echtes Bild von Liebe – und hierin liegt die Verengung solcher Sicht –, das jede einseitige Gleichsetzung von Liebe und Sexualität zu vermeiden hilft. Ganzheitlichkeit ist gefordert, in der Verwirklichung und Umsetzung von Idealen wie in deren Beurteilung.
Wenn es insgesamt mehr als eine Million Ordensleute in der katholischen Kirche weltweit gibt, dann wäre es, denke ich, kaum zu verantworten, unsere Probleme aus nur europäischer oder westlicher Sicht auf sie alle zu übertragen. Ich denke mit großer Freude an meinen Besuch bei unseren Mitbrüdern in Indien zurück. In Bangalore, einer fast ausschließlich von Hindus bewohnten Millionenstadt, leben mehr als 140 unterschiedliche katholische Schwesternkongregationen. Wenn man dann sieht, mit welcher Dankbarkeit die Leprakranken die Hilfe dieser Schwestern annehmen, dann ist ein klein wenig zu ahnen und zu ermessen, was erfüllte Liebe vermag.
Im Kloster wie überall – dies sei eine weitere Feststellung! – begegnen wir allen nur möglichen Charakteren und ihren Profilen, dem Gelehrten, jenem – es sollte das eigentliche und typische sein –, aus dem man die Ewigkeit zu erahnen vermeint, dem Aszeten und Künstler oder dem, der mit einfachen, offenen, abgeklärten Zügen auf den Beschauer zugeht, der nicht nur zufrieden und glücklich wirkt, sondern ehrlich ist, auch oder gerade hinter Klostermauern. Über allem gilt – ich bedenke es wohl – der Responsoriumsvers – ein Fremdwort? Über Chorgebet wird noch zu sprechen sein! „Homo videt in facie, deus autem in corde – der Mensch schaut auf das Gesicht, Gott aber ins Herz."
Zu entdecken ist sodann – wohl nicht so selten – ein anderes Gesicht von Mönch, in dem wir den schlichten, lebensbejahenden Bruder Immerfroh, den P. (= Pater) Kellermeister oder den P. Braumeister vor uns haben. In Bayern – wo anders? – kenne ich sogar eine Sr. (= Schwester) Braumeister. Gleichberechtigung durchaus in den Klöstern! Da sind natürlich ungeahnt viele Talente, Begabungen und nicht zu wenige „Originale", die zu den klösterlichen Gemeinschaften zählen. Alle keine Duzent- oder gar Modeware! Jeder weiß sich als einmaliges, einzigartiges und unverwechselbares Geschöpf Gottes und ist bestrebt, aufgrund seiner befreienden Berufung, zur „Fülle der Erlösung" zu gelangen. Sein Ziel ist ein ewiges. Er lebt also nicht in der Begrenzung oder aus der Perspektive, die in der Grabinschrift zum Ausdruck kommt und dem Griechen Solon in den Mund gelegt wird: „Nemo beatus ante mortem – Niemand ist vor dem Tod selig."
Über allem aber sei auch bei solcher Beschreibung nicht vergessen, was schon der Apostel Paulus von sich so formulierte: „Nihil humani mihi alienum est – nichts Menschliches ist mir fremd." Solche Zitate – und daher im Original, nicht etwa wegen Umberto Eco! – kommen mir zuerst lateinisch in den Kopf, weil das noch zu meiner Zeit die Vorlesungssprache in Rom war.
Über dem Menschlichen darf aber jene andere Wirklichkeit nicht aus der Betrachtung genommen werden, die mit „Berufung" umschrieben wird. Ich erinnere mich in diesem Zusammenhang an eine Live-Sendung – es war in Bremen bei „III nach Neun" –, während deren Verlauf mich mein Interviewpartner fragte: „Gehe ich recht in der Annahme, daß ihre Berufsbezeichnung Mönch lautet?" Er bekam von mir zur Antwort: „Beruf nicht, von Be-

rufung kann man allenfalls reden." Meine nachsetzende Bemerkung, ich wäre überhaupt kein Mönch, sondern ein „Chorherr" brachte den allseits gefürchteten Reporter fürs erste aus der Spur. Ich saß im Habit vor ihm und zwar vor laufender Kamera, hatte mich aber erst kurz vor der Sendung im Umkleideraum umgezogen; denn unser weißes Ordenskleid ist nicht gerade für eine Reise im Flugzeug geschneidert. Der Interviewer konnte daher das Gespräch mit mir folgendermaßen weiterführen: „Wie ich Sie da in ihrem feschen Anzug hereinkommen sah, war ich versucht zu fragen – und wo haben sie ihre Frau Gemahlin." Ich erwiderte ihm prompt: „Sie erinnern mich an einen meiner Neffen. Wie dieser mich zum ersten Mal im Habit sah, schaute er mich verdutzt an und fragte dann: Sag einmal, bist du jetzt Onkel oder Tante!" Nichts Menschliches ist mir fremd, konnte schon der Apostel Paulus von sich sagen. Und ich zitiere ihn mit diesem Wort an dieser Stelle, um meine Qualifikation auch auf Grund meiner Erfahrungen im Umgang mit den Medien einzubringen, die nur zu gerne von einem Einzelphänomen auf eine ganze Kaste schließen. Doch selbst oder gerade im Kloster bleibt jeder Mönch, jede Nonne eine Einzelperson. Gleiches gilt auch für die Weltgeistlichen, die Priester und Bischöfe. Es ist schlimm, wenn von einem auf alle geschlossen wird, wir alle über einen Kamm geschert werden, wie etwa: „Die Pfaffen, die Klosterbrüder, ach die da." Wenn tatsächlich einmal einer von uns versagt hat, an seinem Ideal gescheitert, vielleicht sogar zerbrochen ist, dann heißt es schnell und ohne Rückfrage: „So sind sie alle." Natürlich bringt es Schlagzeilen, wenn ein Bischof erklärt, er werde Vater und bitte deshalb um seine Entpflichtung. Noch höher schlagen die Wogen der Empörung, wenn einem anderen von uns, der ebenfalls in der Nachfolge der Apostel steht, ein angeblich intimer Kontakt zu einem Schüler nachgesagt wird. Ich erinnere nochmals an das Wort des Apostels Paulus, auch unter diesen Gesichtspunkten, möchte aber betonen, daß es mehr als 4000 Bischöfe und Kardinäle in der katholischen Kirche gibt, wobei zwei von ihnen also nur ein halbes Promille ausmachen. Wo gibt es eine geringere „Versager-Quote"? Wenn es mir gelingen sollte, solche Pauschalurteile vermeiden zu helfen, wäre ich glücklich.

Somit sind wir wieder bei den vielen Individualisten – und das müssen sie doch allesamt sein, wie hoffentlich schon bis jetzt deutlich wurde: keine Dutzendware; das „Normalschaf" Mönch gibt es kaum –, den Persönlichkeiten, Männern wie Frauen in den Klöstern und Orden.

Der Selbstverwirklichung des einzelnen im Kloster, und darin gelangt man ja auch zur Individialität, vor allem auf dem Hintergrund des Gelübdes der Armut, das gleichzeitig die Solidarität für jeden der Kommunität, also seinen Lebensunterhalt, seine Ausbildung, seine Pflege in Krankheit und seine Altersversorgung beinhaltet, wird breiter Raum gegeben. Augustinus, der so Welterfahrene, schreibt schon im ersten Kapitel seiner Klosterregel vor: „Nennt nichts euer eigen, sondern alles gehöre euch gemeinsam; durch euren Oberen werde jedem von euch Nahrung und Kleidung zugeteilt, nicht allen in gleicher Weise, weil ihr nicht alle die gleiche Gesundheit habt, sondern vielmehr jedem nach seinem Bedarf." Hier zeigt sich wieder, welche Last der Obere zu tragen hat, wie frei andererseits für Gott – „vacare deo – für Gott frei sein", lautet ein schönes Wort Benedikts – und für einen Totaleinsatz in seiner Aufgabe der Untergebene sein kann.

Auf diesem Hintergrund werden auch die geradezu unüberschaubaren Erfolge und vielseitigen Leistungen, die Entdeckungen und Fähigkeiten der Menschen im Kloster, deren Zeugnisse wir aus allen Jahrhunder-

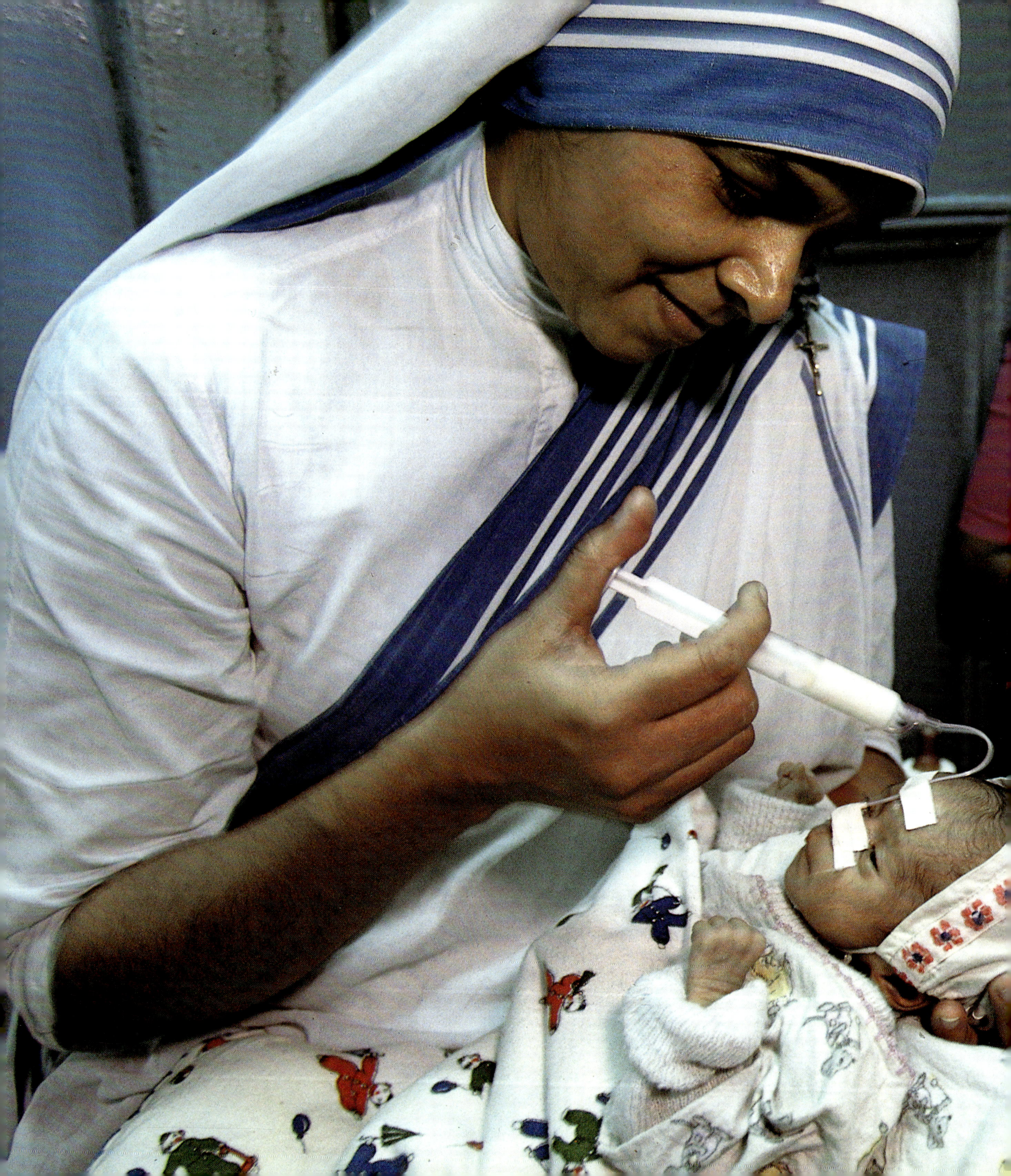

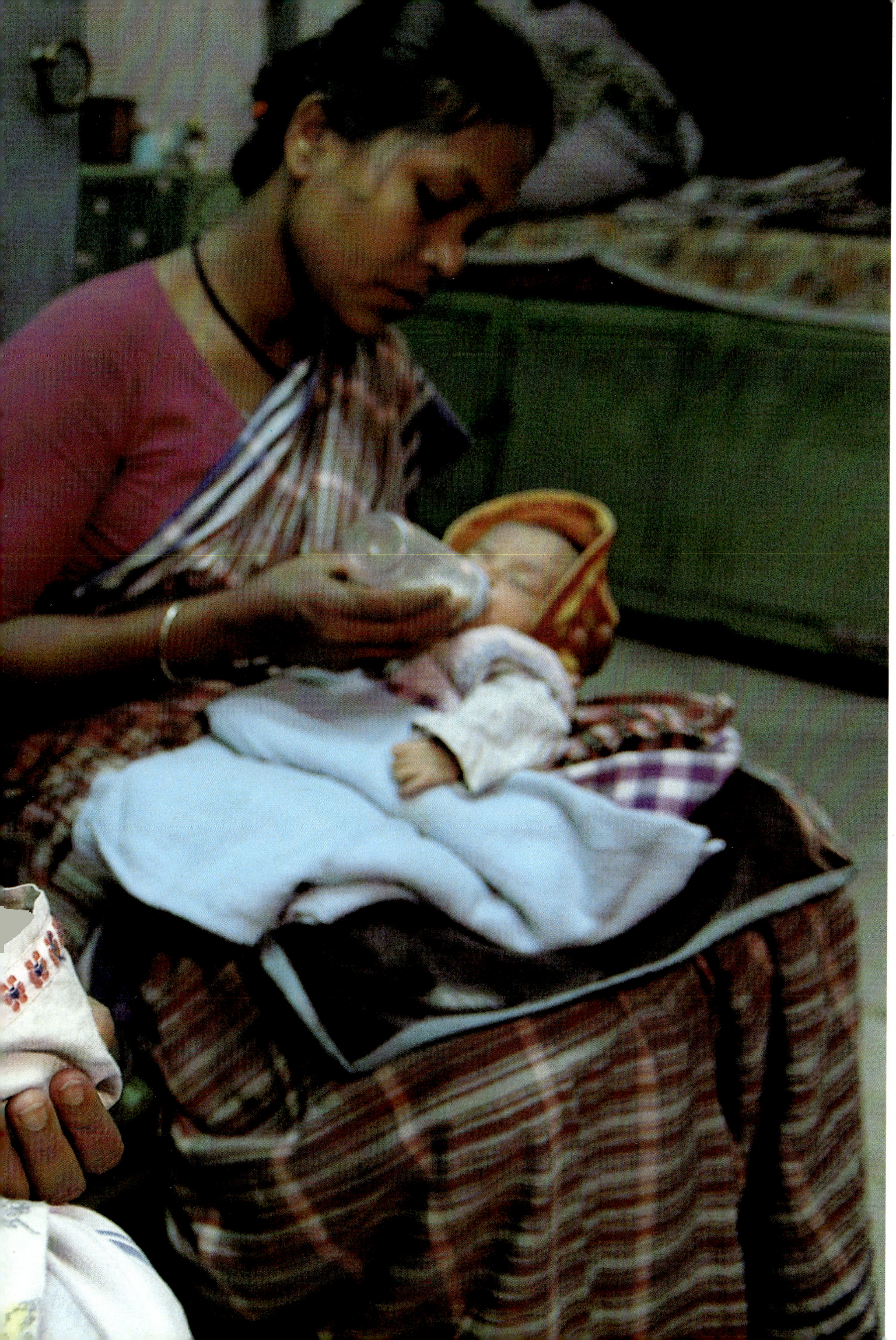

Geistliche Schwestern (Sr. Germaine, eine Mitschwester von Mutter Teresa von Kalkutta) im Sozialeinsatz. Im Shishu Bhawan, Indien, werden Frühgeborene oder Kinder nach Abtreibungen liebevoll versorgt.

ten nachverfolgen können, möglich und erklärbar. Wieder sei Ludwig Wittgenstein zitiert: „Kultur ist eine Ordensregel. Oder setzt doch eine Ordensregel voraus." Vorteil dieser Ordensregel: Nicht der einzelne unterliegt dem finanziellen Erfolgszwang des Alltagslebens, „allen ist alles gemeinsam" und kommt auch jedem zugute. Einige Beispiele mögen das Gesagte beleuchten. Vieles ist uns als „Klosterprodukt" gar nicht bekannt, etwa, daß ein Mönch – ich las dies in einem Lehrbehelf für unsere Kellner im Stiftsrestaurant – den Champagner erfunden habe. Die Vorform für das heute so verbreitete Tennisspiel ist im 13. Jahrhundert bereits als „jeu de paume" in französischen Klöstern und Domstiften nachweisbar. Schon im Jahre 1451 sah sich die kirchliche Obrigkeit veranlaßt, gegen Ausschreitungen in Verbindung mit dem Paume-Spiel – zum Unterschied von heutigen Tennisturnieren fanden dabei die Spiele auf dem Friedhof der Stiftskirche der Gemeinde Ottery St. Mary in Exeter statt – vorzugehen. Ein Prämonstratenser der unter Josef II. von Österreich säkularisierten Abtei Klosterbruck bei Znaim – der mächtige barocke Hildebrand-Bau, total verwahrlost, vom Militär verlassen, steht leer und wartet auf Neuverwendung –, nämlich Prokop Diwisch erfand gleichzeitig mit oder sogar noch vor Franklin den Blitzableiter. Und ein anderer aus unserem Orden, Prior, „Seelsorger, vielseitiger Künstler und Handwerker, Organist und Orgelbauer, Uhrenmacher und Flugpionier" der ehedem mächtigen schwäbischen Reichsabtei Schussenried, von deren Größe und geistiger, wissenschaftlicher wie religiöser Blüte noch der Bibliothekssaal beredtes Zeugnis ablegt, Dr. Kaspar Mohr versuchte sich sogar, dem Ikarus gleich, in die Lüfte zu erheben. So zumindest stellt ihn der barocke Maler im Deckenfresko der Schussenrieder Bibliothek dar, und man sieht ihm an, daß sein Traum fast Wirklichkeit geworden wäre. Wer wollte es ihm nicht gleichtun, um seinen Horizont zu vergrößern, ähnlich der Gesichtserweiterung, die man erfährt, wenn man mittels Schnorchel die Wunder unter Wasser zu entdecken vermag?
Die erste Sternwarte Europas in Kremsmünster mit ihren zahlreichen und vielen Sammlungen, ja, sogar mit den wohl frühesten Aufzeichnungen über die jetzt so oft erwähnte Ozonschicht ist weithin sichbar und bekannt. Aufzuzählen wären sodann die vielen Komponisten, nicht etwa nur aus dem 16./17. Jahrhundert, nein, ich denke an erfolgreiche Komponisten der Gegenwart, etwa an Augustinus Franz Kropfreiter, der nicht nur als Hüter der Brucknerorgel von St. Florian, sondern auch wegen seiner zahlreichen und bedeutenden Tonschöpfungen weit über Österreich hinaus bekannt ist. Nicht zu vergessen ist Ulrich Küchl, der Propst des Kollegiatsstiftes Eisgarn im Waldviertel, fast mein Nachbar, der sich eines Kompositionsauftrags des „karinthischen Sommers Ossiach" für eine Kirchenoper („Tamar") mit großer Bravour entledigte. Musiker gibt es fast in jeder größeren Kommunität. Sie alle in ihren Fähigkeiten und ihrem Können vorzustellen, ist kaum möglich. Man muß ihnen förmlich nachgehen: etwa eine Improvisation auf der Melker Stiftsorgel hören, wenn der Prior dieser benediktinischen Klosterfamilie seine musikalischen Meditationen zum Gesamtlobpreis in diesem „Theatersaal Gottes" durch den Klang der Königin der Instrumente einfließen läßt. In unserem Bruderkloster Schlägl im Mühlviertel stehen gleich drei Orgeln in einer Kirche den Stiftsmusikern zur Verfügung, die sie in Vielfalt zu nutzen wissen. Wo könnte die Verbindung ins Alte und Übernommene besser gelingen als in der Umsetzung der Noten in lebendige Musik, und dies unter Verwendung historischer Instrumente, die in Fülle in etlichen Stiften vorhanden sind? Blättern wir in der Kulturgeschichte etwas zurück,

Stift Klosterneuburg bei Wien, Besucher betrachten über Spiegel das Deckenfresko im Marmorsaals.

dann zeigt sich, daß der Orgelbau und der Glockenguß ebenfalls mit der Geschichte des abendländischen Mönchtums eng verbunden ist, daß Gelehrte und Erfinder ebenso in diese Walhalla gehören wie Schriftsteller und eben Künstler und Könner aller Art. Hier mag man mir Objektivität absprechen! Ich verleugne es gar nicht, sondern gestehe ein, daß mich die Leistungen der Frauen und Männer in den Klöstern noch immer faszinieren und dies trotz mancher Enttäuschungen, die freilich niemandem, in keinem Stand oder Beruf erspart bleiben. Dabei sei nicht übersehen, daß die Menschen in den Klöstern, trotz Entsagungen und Verzicht, meist sehr alt wurden und werden. In einem Friedhof auf der Mönchsinsel Athos fand ich auf den schlichten Grabkreuzen, die nur Name und Alter der dort Beerdigten aufwiesen, keinen Mönch unter 80, den ältesten sogar mit 104 Jahren beigesetzt. Bei einer Umfrage in Amerika zum Thema „In welchem Beruf erreichen Frauen das höchste Durchschnittsalter?“ stellte sich heraus – und so klapperten es die Telexschreiber bzw. spuckten es die Faxgeräte der internationalen Redaktionen aus: Nonnen werden am ältesten, im Durchschnitt 84,4 Jahre. Sie leben in einem familienähnlichen Verband, aber ohne Alkohol und Nikotin. Womit zumindest statistisch erwiesen wäre, daß Nonnen und Mönche offenbar auch für ein langes Leben Erfolgsrezepte parat haben.

CÆLI
M.T.C.
DOMO
PRO
ARCHIA

Bad Schussenried, Bibliothekssaal. Im Zentrum des Deckenfreskos, 1757 von Franz Georg Hermann (1692–1768) vollendet, Dr. Kaspar Mohr, „Der fliegende Chorherr“. Kaspar Mohr, ein vielseitig begabter Prämonstratenser von Schussenried baute sich „aus Gänsefedern mit Treibschnüren zusammengebunden“ einen Flugapparat. Er konnte damit, nach Aussagen seiner Zeitgenossen, „von dem Boden über sich schwingen“. Sein Versuch, „sich vom 3. Stockwerk des Dormitoriums (= Schlafsaal) herabzuschwingen“ wurde ihm von seinem Abt im Gehorsam untersagt.

Stift Lilienfeld (N.Ö.), Bibliothek. Nota bene, diese Prunksäle enthalten meist nur Teile des eigentlichen Bücherbestands des Klosters.

Welche? Nur Geduld: Ich bin erst am Anfang meines Buches!
Bis jetzt versuchte ich lediglich, in eine Welt einzuführen, aus der wir einerseits so vieles oft unbewußt übernommen haben und noch heute übernehmen, die uns aber auf der anderen Seite so unzugänglich, so tabu ist. Dabei haben wir uns noch gar nicht bis in die Klosterzelle vorgewagt. Eines sollte schon jetzt feststehen: Es gibt nicht nur einen Himmel voller Klosterheiligen, wie sie in die barocken Kuppel- und Deckenfresken, den psallierenden Mönchen darunter als Vorbilder und als quasi Zielvorgabe gemalt wurden; ebenso bunt, ich vermute fast, noch viel bunter ist die unzählbare Schar der interessanten Mönche und Nonnen im Heute, im „hic et nunc", im hier und jetzt. Diesen auf die Spur zu kommen, sie als Menschen, unsertwegen, zu entdecken und sie näher, besser kennenzulernen, ist mir für das Folgende Anliegen.
Wenn bereits gesagt wurde, daß dieser Versuch ohne autobiographische Reminiszenzen kaum zu verwirklichen ist, dann sei an dieser Stellen noch nachgetragen oder ergänzt und vorausgeschickt, des besseren Verständnisses wegen: Ich absolvierte im damals noch bestehenden Klostergymnasium der Benediktiner von Scheyern das humanistische Gymnasium. Über Empfehlung meines Heimatpfarrers von Rottenbuch, Andreas Schmiedhuber, wur-

de ich dorthin verschickt, der meinem Vater mit dem Argument – im Jahr 1946 ein sehr wichtiges – überzeugte: „Schick Deinen Sohn nach Scheyern. Die haben eine große Landwirtschaft. Da bekommt er etwas Richtiges zu essen." Wie sehr klafften freilich Erwartung und Wirklichkeit auseinander. Dem gütigen und ebenso schrulligen Pfarrherrn alten Stils blieb die Wahrheit seines gut gemeinten Ratschlags erspart. Übrigens, wir Kinder hatten damals noch den „Herrn Pfarrer" mit „Gelobt sei Jesus Christus" auf der Straße zu begrüßen und ihm die Hand zu reichen. Oft streckte uns Hochwürden nur seinen kleinen Finger entgegen. Was Wunder, daß wir Buben zumindest einen weiten Bogen um ihn machten. Nebensächlichkeiten, gewiß, aber sie wirken wie ein Blick zurück in ein anderes Jahrhundert. Für mich und viele von uns Erlebnisse, die unser Verhältnis zu Autoritäten bestimmten oder mitbestimmten. 1954 wurde ich in Scheyern eingekleidet und in das Noviziat der Benediktiner aufgenommen. Nach weiteren drei Jahren der einfachen Profeß legte ich die feierliche Profeß ab, studierte 1955–1957 Philosophie in Salzburg, von 1957–1961 Theologie am Pontificio Ateneo di Sant'Anselmo in Rom. 1960 wurde ich vom nachmaligen Kardinal Traglia zum Priester geweiht. 1961–1963 unterzog ich mich für vier Semester, auf Wunsch meiner Oberen und mit Blickrichtung auf meine spätere Mitwirkung am

Stiftsbibliothek Seitenstetten (N.Ö.). Verantwortlich für die Bücher in jedem Kloster ist der Pater Bibliothekar. Ihm unterstehen meist auch die Handschriftenabteilung und das Archiv, während ein eigener Kustos für die Lehrsammlungen verantwortlich zeichnet, die besonders in Seitenstetten, des Gymnasiums wegen, umfangreich sind.

Innsbruck, Schwarzmanderkirche. P. Guardian im Gespräch mit Organist Jaud.

Klostergymnasium, dem Studium der Altphilologie in den Fächern Griechisch, Latein und Geschichte. Im Zuge meiner Forschungen für mein Doktorat in der Theologie, die mich in die Nähe von Melk führten – ich übernahm eine Urlaubsvertretung bei einem mir sehr lieben Studienfreund und fuhr täglich zur Bibliothek des Stiftes Melk –, ergab sich für mich die Situation, ausgelöst durch Vorgänge in meiner Abtei, etwa die geplante Auflösung der Klosterschule u.a., zu überdenken, was aus mir einmal werde und wie es wohl weiter gehen könne? Eine Situation, die mir präsent bleibt und mich auch veranlaßt, meinen jetzigen, jungen Mitbrüdern rechtzeitig Perpektiven zu bieten; denn ins Ungewisse zu gehen, selbst unter der „Standesgnade" klösterlichen Gehorsams, war zumindest meinem Temperament wenig angemessen. Ganz abgesehen von der Tatsache, daß der „Versucher" in einem Vakuum solcher Verunsicherung leichtes Spiel bekommen kann.

Ich suchte Bedenkzeit zu gewinnen und konnte schließlich nach Rückfrage in meiner Abtei die Freistellung für die Seelsorge in einer kleinen Pfarrei, auf die Dauer von drei Jahren, erwirken. So kam ich – mein Studienfreund, bei dem ich Aushilfsdienste geleistet hatte, stellte den Kontakt her – nach Eibenstein an der Thaya, das seit 1153 zum Einflußbereich des Stiftes Geras zählt. Und? Hier bin ich noch immer der Pfarrer,

konnte mein nächstes Studium (Musikwissenschaft) von dort aus angehen, meine Forschungen (Schwerpunkt „Melker Reform", 1418 – ca. 1472) betreiben und mich schließlich habilitieren. Es tat sich ein rundes Leben für mich auf. Als die Zeit meiner Freistellung durch Scheyern dem Ende entgegenging, erhielt ich von meinem Professor am musikwissenschaftlichen Institut der Universität Wien, Prof. Dr. Erich Schenk, die Einladung: „Bleiben's bei uns. Es wird eine Mittelalterlehrkanzel errichtet, dafür bringen Sie die besten Voraussetzungen mit." Dafür hätte ich die Einwilligung meines damaligen Abtes von Scheyern (= „M. A." bei Luise Rinser) gebraucht, der mir freilich schriftlich den Rat gab: „Wenn Sie nicht in die Abtei zurückkehren oder eine Professur in Wien annehmen möchten, dann unterstellen Sie sich dem Kardinal König!" Da stand ich plötzlich am Scheideweg, hatte mich in der Zwischenzeit zugegebenermaßen weit aus meinem Benediktinerkloster hinausgelebt und suchte nach neuer Zuordnung und Zukunft. Diese Phase war keineswegs leicht. Um nicht zu verwirren, übergehe ich die weiteren Schritte und halte einfach fest: Am 28. August 1969 wurde mein Transitus von den Benediktinern von Scheyern zu den Prämonstratensern von Geras mit päpstlichem Indult und „pleno jure" vollzogen. Aus Schwarz wurde Weiß, bei Anerkennung aller vorausgegangener

Klosterjugend auf Exkursion: Vor einem Devotionalien- und Büchergeschäft in der Innsbrucker Hofgasse.

Schritte, d. h. ich mußte durch Dispens von Rom weder das Noviziat noch die Wartezeit des Trienniums (= der drei Jahre mit einfacher Profeß) wiederholen und hatte von diesem Augenblick meines Übertritts an Sitz und Stimme im Kapitel. Daß ich am Abend dieses Augustinusfestes des Jahres 1969 sogleich zum „Provisor und Waldmeister“, also zum „Wirtschaftsdirektor“ durch meinen neuen Oberen bestellt wurde, gab dieser Veränderung in meinem Leben eine Dimension, deren Tragweite ich mir in diesem Augenblick kaum gewahr werden konnte.
Seit 1969 bin ich also Prämonstratenser Chorherr des Stiftes Geras und gedenke dies auch zu bleiben. „War das Vorausgehende dann eine Art Scheidung?” fragte mich einmal ein Dame, deren Ehe in Brüche gegangen war. Sagen wir eine Trennung! Und diese kann man riskieren, wenn man sozusagen mit einer „Institution“ verheiratet ist. Ähnliche Vorgänge, daß man nämlich von einem zu einem anderen Orden wechselt, gab es im Mittelalter verhältnismäßig oft. Früher konnten die beiden zuständigen klösterlichen Oberen einen solchen Übertritt erlauben und abwickeln, heute bedarf es der Zustimmung durch die Kurie, die Religiosenkongregation in Rom.
Sie sind verwirrt, so viele Begriffe, ein solcher Vorgang? Ich könnte es nicht übel nehmen. Ich will ehrlich meinen Lebensweg schildern, um zu demonstrieren: Ich bin durchaus kein langweiliges „Normalschaf“, im Gegenteil, ich ordne mich selber durchaus ein in die Schar der Sünder und normalen Menschen, die – so erging es mir – plötzlich aus der Reihe tanzen und dann aus dem Schutz der Ordnung, des Ordens, herausfallen und sich stets und überall zu rechtfertigen haben. Und dennoch, zurückblickend darf ich dankbar einbekennen: Dieser mein Weg ist meine Berufung, ist mir gnadenvoll Geschenk und Aufgabe zugleich geworden.
Jetzt ist endgültig die Plattform bestiegen und die Startrampe erreicht! Ich bemühe mich, die Modulationen, einer musikalischen „Durchführung“, dem Sonatenhauptsatz, vergleichbar, in den diversen Tonarten durchzuspielen, nicht ohne der Reihe nach alle bis jetzt verwendeten Begriffe in den richtigen Kontext zu bringen und zu erklären.

EINE ANDERE WELT, EINE ANDERE (NEUE) WIRKLICHKEIT: DIE WELT DER KLÖSTER

Vor nicht allzu langer Zeit ging ein von mir langgehegter Wunsch in Erfüllung: Ich konnte endlich die ehemalige kluniazensische Abteikirche von Vézelay besuchen, nein, besser: erleben. Die in der Hochromanik und Gotik erbaute Basilika – der heiligen Magdalena geweiht – war im Mittelalter Sammelpunkt für die Wallfahrer nach Santiago de Compostela. Von hier aus führte einer der Pilgerwege, die wie pulsierende Schlagadern der Gläubigkeit, des Vertrauens und des Gebets einmal ganz Europa überzogen, eben zum Jakobus-Heiligtum nach Compostela, nach Rom und dann darüber hinaus nach Jerusalem.

Die Basilika von Vézelay, ein Abbild des himmlischen Jerusalems

Schon die Fahrt durch das Umland ließ manches erahnen. Ebenso die Lage des mächtigen Kirchenkomplexes auf der Höhe eines langgezogenen Hügels, den ein typisch französisches und sehr gepflegtes Städtchen schmückt. Man durchschreitet diesen Ort. Beim Gang hinauf zur Abtei wachsen die Erwartungen fast ins Unermeßliche und Unbeschreibliche. Plötzlich steht man vor der Fassade, die Blicke werden nach oben gezogen und entgleiten in das Firmament, in den Himmel. Nie mehr werde ich den ersten Eindruck beim Betreten des Gotteshauses, dieser Gottesburg, vergessen. Der geneigte Leser mag mich nun längst schon als unrealistischen Schwärmer eintaxieren, meinetwegen sogar ablehnen: „Der lebt eben im Kloster, fernab aller Wirklichkeit! Eine romantische Seele! Offenbar nicht unter dem Zugzwang der alltäglichen Sorgen von Herrn und Frau Normalbürger stehend. Folglich ein echter Klosterbruder, ein vom Erdboden Abgehobener!" So oder ähnlich höre ich meine Leser reden. Man könnte auch negativ formulieren: „Vielleicht ein Unterbelichteter, für das Leben in dieser Welt nicht geschaffen, lichtscheu und deswegen im Kloster gelandet." Nein und abermals nein! Ich komme gleich ausführlicher darauf zu sprechen. Doch kehren wir nochmals nach Vézelay zurück!

Imponierend die Vorhalle: emporstrebende Pfeiler, Säulen, die mit kunstvoll gestalteten Kapitellen geschmückt sowie mit thematisch treffend ausgewählten Szenen der hl. Schrift und aus dem Leben des hl. Benedikt versehen sind. Ein Säulenumgang auf halber Höhe, über allem der Himmel der Gewölbe, unter denen man sich instinktiv geborgen und daheim fühlt. Dabei befinden wir uns erst in der Vorhalle, wo sich die Mönche, ihre Kapuzen tief in die Stirn gezogen, vor dem Gottesdienst sammelten, in Schweigen verharrten und sich einstimmten auf die Prozession, den Zug in das weitläufige Kirchenschiff. Ich hörte spontan in meinem inneren Ohr die dazugehörigen Choralmelodien erklingen. Und was hätte ich dafür gegeben, hätte ich mich in diesem Augenblick in die „acies bene formata", in den genau nach Alter und Diensten geordneten, von den frühen Mönchsvätern eben gerne mit einer „himmlischen Schlachtordnung" verglichenen Reihung und Aufstellung des Konvents im mittelalterlichen Vézelay eintauchen können! Mit ihnen wollte ich gerne in feierlicher Prozession, das Kapitelkreuz,

Jerusalem, Äthiopisches Kloster im Schatten der Grabeskirche. Mönch vor seiner Zelle (= Schutzumschlag).

reichlich mit Edelsteinen besetzt, weil den Gekreuzigten, unseren Erlöser am Kreuz symbolisierend, von einem „Crucifer", dem Kreuzträger vorangetragen, zur Rechten und Linken von je einem oder mehreren Akolythen (wörtlich „Begleiter") flankiert, mit einziehen. An Festtagen befand sich zusätzlich noch ein „Thurifer" in der Kolonne der Mönche, das Rauchfaß schwingend. Die wohlriechenden Weihrauchwolken mischten sich in das Licht der aufgehenden Sonne, während die Cantores, die Vorsänger, den Introitus, die Einzugsantiphon der Messe, anstimmten und der Chor der Mönche singend in das Kirchenschiff mit einer Größe und Weite von 62 m Länge und 18 m Höhe hineinschritt. Alle diese vielfältigen, sämtliche Sinne des Menschen ansprechenden Eindrücke und Wahrnehmungen sollten nichts anderes vermitteln als hier auf Erden schon eine Vorahnung auf das himmlische Jerusalem.

Trotzdem wurde ich mir in diesem Augenblick bewußt – ich bin ehrlich genug –, daß ich ganz sicher nicht mehr im Mittelalter leben möchte noch könnte; denn solche, ein „fascinosum et tremendum mysterium – ein faszinierendes und erschauerndes Geheimnis" heraufbeschwörende Impressionen und Erfahrungen werden nur dann stimmig, somit ertragbar und nachvollziehbar, wenn man alles aus dem Horizont einer bezwingenden Gläubigkeit heraus begreifen und erleben kann. So stellte sich dies für die Erbauer und Bewohner im Mittelalter eben als die „neue Wirklichkeit", als das Leben aus dem Glauben dar. Gewiß, ihre Empfindungen, ihre Grundsätze, ihr von Aszese und strenger Disziplin geprägtes Leben nahmen diese Mönche mit in die Ewigkeit. Ob nach „der Wiederherstellung des Reiches", wie es in der Apokalypse angekündigt wird, das Rad der Geschichte noch einmal zurückgedreht werden kann, erscheint mir ungewiß zu sein. Ich bin sehr überzeugt von einer ewigen Schau der Dinge – solches bestätigen die Berichte jener, die aus dem klinischen Tod wieder ins Leben zurückgeholt werden konnten –, aber wieweit Einzelereignisse aus dem Gestern dann in das Ewige übertragen und dann gar noch im Focus auf Vézelay ausgerichtet, einsehbar oder nachvollziehbar werden, für das fehlt mir das Vorstellungsvermögen.

Selbst den raffiniertesten Computerspielen entzieht sich die menschliche Komponente. So bleibt uns nur, ein wenig die Gedanken in die Vergangenheit zu schicken und die Steine zu betrachten, nach dem Wort: „Saxa loquuntur – die Steine sprechen." Die müssen es wissen! Ja, wenn Steine oft erzählen könnten! Auf den nur kunsthungrigen Be-Schauer eines derartigen Kulturerbes werden gewiß derartige Zusammenhänge kaum einstürmen. Er erfährt daher nur Bruchteile der eigentlichen Dimension eines solchen Gebäudes, ganz abgesehen von jener anderen Innenwelt, die sich aus Glauben und Erleben in den Mönchen zur Zeit, da Vézelay Kloster war, zusammensetzte. Dies wird so bleiben, selbst dann noch, wenn uns über Computertechnik ein gesamtes „Szenario" vorgespielt werden kann, wobei eben, wie schon gesagt, die Rolle des Menschen aller Wahrscheinlichkeit nach kaum je zu ersetzen oder zu reproduzieren sein wird.

Eines will ich noch mit Betonung anfügen: Vézelay ist nur *ein* Beispiel für das eben Geschilderte, ein besonders schönes. Vielleicht lassen Romanik oder Gotik insgesamt in uns eher das Gefühl für eine Jenseitigkeit aufkommen. Wir werden weniger abgelenkt. Aber in Wirklichkeit ist jede Kirche, die moderneren wohl ausgenommen, in denen häufig das Zelt Gottes unter den Menschen symbolhafte Gestalt annimmt, der Versammlungsort für die Kirchengemeinde als eine Teil-Gemeinschaft der pilgernden Kirche (= „ecclesia in via"). Das Bestimmende ist eine gewisse Faszination einer anderen Welt, die Vorahnung auf das „himmlische Jerusalem". Nicht umsonst schrieben gerade die Meister des Barock oder Rokokos recht oft die schönen Worte aus der Liturgie des Kirchweihfestes in die Wappenschilder, Supraporten oder Tympana, nicht selten mit einem Chronogramm, den farbig oder durch Größe hervorgehobenen Ziffern der Entstehungszeit, versehen: „Hic aula Dei et porta coeli est – hier betrittst Du den Festsaal Gottes. Hier befindet sich die Pforte zum Himmel." Im Zeitalter des Massentourismus werden solche Aufforderungen, der Heiligkeit des Ortes zu gedenken, von Verbotsschildern konkurrenziert wie: „Nicht rauchen, Hunde ..." In der Tat, vielen unserer Zeitgenossen fehlt schlicht und einfach das Sensorium für die Würde der Gotteshäuser. Sie sind gewohnt, daß für Geld alles zu haben, alles erlaubt ist. „O quae mutatio rerum." Wie freilich, so frage ich mich, soll man diesen Menschen das Gespür für Transzendenz näher bringen, eine Ahnung dessen, daß es hinter diesen Dingen noch Größeres, noch Schöneres, eben das Göttliche gibt, wovon schließlich diese Kirchen, im Sinne ihrer Stifter und Errichter, Zeugnis ablegen sollen und wollen?

Geheimnisvolle Bezüge in der Anlage und in den Einrichtungen der alten Kirchen: Erdstrahlen

Hinzukommt, daß der heutige Betrachter kaum einen Zugang zu jenen geheimnisvollen Bezügen gewinnt, auf welche damals die Baumeister und Erbauer wie selbstverständlich und aus alter Erfahrung Rücksicht nahmen. So spielte beispielsweise schon allein die Auswahl des Standorts einer solchen Kirche eine wichtige Rolle. Den meisten von uns ist bekannt, daß viele der christlichen Kirchen geostet, d. h. mit dem Altarraum nach Osten ausgerichtet sind. Mit der aufgehenden Sonne, dem Symbol für Christus „sol invictus – die unbesiegbare Sonne" – letzteres eine Bezeichnung für eine Gottheit, der die Römer schon ihre Tempel bauten –, mit dem ersten Sonnenlicht also versammelten sich die Christen zum Lob Gottes in ihren Kirchen. Durch diese Lichtführung und ihre Sinndeutung bzw. Transzendierung in das Symbolhafte und Geheimnisvolle konnte sich eine Vorahnung auf eine jenseitige Welt entfalten. Und die Alten wußten mehr als wir um diese Wirkung, war doch die Nacht für sie wirklich dunkle Nacht, finster, nur von einem Kinspan oder einer Kerze – und dies lediglich im kleinsten Umkreis – aufgehellt. Ganz im Gegensatz zu uns, die wir die Nacht zum Tag gemacht haben und daher die Morgenröte, den neuen Tag, nicht mehr so zu schätzen wissen. Früher, zur Zeit, da solche Gottesburgen wie Vézelay entstanden, war der neu geborene Tag zugleich Erinnerung an die Erlösung und die Auferstehung in Christus. Die Osternacht wurde zum Höhepunkt des Jahreskreises und jeder Sonntag ist Sonnentag, Tag der Auferstehung, Tag des Herrn.
Viele Symbole sind in Geheimnisse eingegangen, die zu enträtseln uns kaum mehr gelingt. Was aber wieder mehr in unseren Gesichtskreis tritt, ist das Bewußtsein um die gezielte Situierung dieser Kirchen und zwar dergestalt, daß die Erdstrahlungen optimale Verhältnisse für die Akteure und Aktionen in diesen Bauten abgeben. Jeder ist daher schlecht beraten, der in einer alten Kirche Veränderungen vornimmt, ohne sich an der ursprünglichen Plazierung von Altar und Kanzel zu orientieren. Denn sowohl am Hochaltar als auch bei der Kanzel verdichten sich, so sagen es mir die „Pendler", Menschen, die Erdströme verspüren und registrieren können, die guten Strahlen so sehr, daß derjenige positiv beeinflußt wird, der sich dort befindet oder an diesen Stellen tätig wird. Ich selbst meide

Kleinmariazell (N.Ö.), ehedem Benediktinerabtei. Nonne im Gebet.

deshalb mitnichten die Kanzel. Ganz im Gegenteil, ich scheue vielmehr einen oft nur provisorisch und im nachhinein aufgestellten „Ambo", nicht selten ein schäbiges Notenpult als armseliger Nachfahre jener über der „Schola Cantorum" in den römischen Basiliken aufgebauten Vorlesekanzeln. Weil es auf jeder Seite jenes abgeschrankten Raums vor dem Altar und der Apsis, der den Sängern vorbehalten war, je einen Ambo gab oder gibt, also insgesamt je zwei solcher Lesekanzeln, eine für die Epistel, die Lesung, die zweite für das Evangelium, erhielten diese Pulte (oder „analogium, analogia – der, die Katheder") die Bezeichnung Ambo, die „je zwei, beide zusammen".

Jetzt fühle ich mich für einen Augenblick in die altehrwürdige und schöne Kirche Santa Sabina auf dem Aventin in Rom versetzt und schaue zurück in das Jahr 1959. In der Fastenzeit dieses Jahres pilgerte Papst Johannes XXIII. wie seine Vorgänger in alten Zeiten zu den Stationskirchen – im alten Schottmeßbuch waren die Namen der Stationskirchen an allen Tagen der „Quadragesima", der 40 Tage des Fastens vermerkt – und pontifizierte den Tagesgottesdient in dieser Basilika. In einem ihrer Holztore ist als besondere Kostbarkeit eine der ältesten Kreuzigungsdarstellungen (Mitte 5. Jahrhundert) erhalten geblieben. Damals – und ich sehe diese Szene noch heute vor mir – hatte der wohlbeleib-

te heilige Vater durchaus Probleme, seine Körperfülle durch die engbegrenzten steinernen Stiegen nach oben zu zwängen, um von diesem Standort aus, wie es in alten Zeiten üblich war, die Homilie (= die Predigt) vorzutragen. Übrigens, Papst Johannes XXIII. schämte sich keineswegs dieser seiner Körperfülle. Ganz im Gegenteil! Einen der damals in Österreich weithin bekannten, recht originellen und hoch verdienten Stiftsprälaten, den man nicht selten in seinem Stiftskeller antreffen konnte, bei einem Glas köstlichen Weins, das durchaus nicht der Marke „Prälatenwein" entsprechen mußte, denn „des ist der beste Wein, den der Prälat trinkt", diesen ebenfalls mit Leibesfülle ausgestatteten Abt umarmte Papst Johannes XXIII. bei einer Generalaudienz für die damals in Rom zum Äbtekongress versammelten Benediktiner schmunzelnd mit dem Wort: „Spiritus sanctus pinguescit te – der hl. Geist ließ Dich dick werden" und fügte ein liebevolles: „Anche me – auch mich, mein geliebter Sohn" hinzu!

Dort nun, wo – und deswegen kamen wir auf ihre Verwendung zu sprechen – ein Ambo steht oder wo sich jetzt eine alte Kanzel befindet, gibt es Schnittpunkte von solch ausgeprägten Bündelungen positiver Erdstrahlen. Nur wir Heutigen haben diese Zusammenhänge vergessen und verfügen deshalb wahllos über Platz und Art und Weise eines Ambo, der jetzt ohnedies

Die aus Holz geschnitzte Kanzel der Prämonstratenserabteikirche Nová Říše (Neureisch) bei Telč (Teltsch), Bezirk Iglau in Tschechien.

Weihnachtsmette in der Stiftskirche Melk (N.Ö.).

nur mehr amputiert, weil meist allein und einzeln, aufgestellt wird. Im Zweifelsfall für einen, der seine Predigt frei formuliert, was auch nicht mehr selbstverständlich ist, und der mit Sensibilität auf seine Zuhörer einzugehen sich bemüht, ist die Kanzel wegen der Akustik einerseits und wegen der besseren Erdstrahlung sowie des größeren Überblicks für Prediger und Volk andererseits als der geeignetere Ort vorzuziehen. Dabei wußte man früher, und darauf machte mich mein Mitbruder, unser Kräuterpfarrer, H. Hermann Josef Weidinger O. Praem. – so die genaue Ansprache eines Chorherren = „H." wie „Herr" Hermann Josef als Ersatz für das lateinische „D." bzw. „Dom" wie „Dominus", dem in den romanischen Sprachen das „Don" korrespondiert – aufmerksam, daß eine Kanzel und auch ein Ambo die Schwachstellen am Körper des Predigers gnädig den Blicken der Zuhörer entzieht. Kanzeln nämlich sind genauso wie die alten, guten Ambones von unten herauf geschlossen. Heute kann man oft den Begriff Körpersprache hören. Manager lassen sich von Trainern teuer schulen, und in der Tat, ich selbst ertappe mich oft genug, wie ich mit Händen und Füßen rede. Ich meine freilich, daß solche Ausdrucksformen einer Persönlichkeit zwar in gewisse Bahnen gelenkt werden können, aber letztlich doch frei und eben persönlichkeitsbezogen bleiben sollen, bei allen Hilfestellungen, die uns, wie geschildert, durch so positive, aus jahrhundertealten Erfahrungen stammenden Einflüßen geboten werden.

Was ist Wirklichkeit?

Warum erzähle ich all dieses? Ich füge eine weitere Frage hinzu: Was ist Wirklichkeit: nur das Sichtbare, das Dinghafte, Greifbare, die Sachen? Der Mensch ist wohl in seiner eigenen Aura schon nicht mehr nur in der ausschließlich dinghaften Sphäre zu beurteilen. Jeder Mensch als Gegenüber öffnet sich in einem schönen und guten Dialog auf mehreren Ebenen und läßt eine von uns verschiedene, obwohl menschlich wie die unsrige gleichsam geheimnisvolle Welt entdecken. Mir geht es darum – nochmals sei es betont –, deutlich zu machen, daß Kloster mehr ist als nur Klostermauer, Stiftskirche und musealer Prunkbau, den viele nur unter dem eindimensionalen Aspekt des Schönen betrachten. In den alten Stiften ist bis heute wesentlich mehr präsent und verwirklicht, als viele unserer nur aufs Äußerliche schauende Betrachter erahnen können. Klöster entspringen einer anderen Wirklichkeit – der Wirklichkeit schlichter Gläubigkeit, welche in der Vater-unser-Bitte zum Ausdruck kommt: „Dein Reich komme, Dein Wille geschehe, wie im Himmel so auf Erden." Die Nonne, der Mönch und wie alle diese Bezeichnungen lauten mögen, können ihr Leben in den Klöstern nur im Schatten des Kreuzes, unter dem Zeichen der Erlösung durch den menschgewordenen Sohn Gottes, unserem Messias Jesus Christus, folglich in einer Ära der Gläubigkeit, der Gnade und im speziellen aus dem Gerufensein und somit der Nachfolge erkennen, verstehen und ertragen. Dies alles vermengt mit der Perspektive in das Ewige, nämlich vom Ewigen etwas vorausahnen zu lassen – siehe Vézelay –, ist Künstlern in manchen Kirchen gelungen. Ich vergesse nie den Eindruck, der entstand, als die ersten Sonnenstrahlen des Tages zunächst die obere Hälfte der Kirche, des Katholikon im Rußenkloster Pantelaimonos, auf dem Berg Athos, mit Licht erfüllten, während das Kirchenschiff noch im Dunkel lag. Das vergoldete Gesims, das beide Ebenen trennt, reflektierte auf ganz eigenwillige Form die Strahlen der „güldenen Sonnen", trennte den Kirchenraum gleichsam in zwei ganz besondere Gebilde und ließ die obere Hälfte optisch, durch Lichteinfall und durch die Goldränder der Gesimse in eine geradezu unwirkliche Höhe entschweben. Solches Schauen und Erleben kann jedoch darüber nicht hinwegtäuschen, daß das wichtigste Zeugnis, soll es Glaubwürdigkeit begründen und bezwecken, von einem jeden von uns kommen muß. Sonst wäre Verzicht, der die Gelübde des Gehorsams, der Ehelosigkeit und der Armut beinhaltet, kaum gerechtfertigt und rational begründbar. Ein Leben der Abkehr und Umkehr und dies an nur einem Punkt der Welt, eben im Kloster mit Klausur und Klostermauern, ist aus bloß innerweltlichem Verständnis nicht zu begründen und zu erklären. Kloster ist eine andere Welt, eine Welt aus dem Glauben. Bevor ich alle die eben genannten Begriffe umsetze und ausdeute, drängt es mich noch, im Zusammenhang mit Vézelay und der Frage nach Wirklichkeit, und nach Überlappung unterschiedlicher Ebenen und Dimensionen, auf folgende Erfahrung aufmerksam zu machen:

Autochthon – Erdverbunden

Ich hatte das Glück, für eine Israel-Reise einen hoch qualifizierten Fachmann – katholischer Theologe und Judaist aus Wien – zum Führer zu haben. Obwohl Universitätsprofessor und mit den heiligen Stätten bestens vertraut, hielt er sich nicht für zu gut, uns alles anhand schriftlicher Aufzeichnungen zu zeigen, zu erklären und zu deuten. Und an vielen prominenten Plätzen Israels, zu denen er uns führte, die in der Bibel genannt oder mit dem Leben Jesu in besondere Verbindung gebracht werden, drehte sich der besagte Professor am Schluß seiner Ausführungen noch einmal um und betonte: „Achten Sie auf die eigenwillige Erdformation!“ Und wirklich, an vielen der verehrungswürdigen Stätten konnte man den Eindruck gewinnen, hier stimmt, was die Alten mit „autochthon – ureingesessen, erdverbunden“ sagen wollten. Von den Etruskern wird uns überliefert, daß die Priester bei einer Stadtneugründung, dort, wo sich der „Decumanus maximus“ und der „Cardo maximus“, die Hauptstraßen also, rechtwinklig kreuzen, an dieser Schnittstelle, dem künftigen Mittelpunkt der neuen Stadt, hoben die Priester ein Erdloch aus. So wurde die Verbindung zwischen den Göttern von unten und den Bewohnern der neuen Stadt hergestellt. Übrigens, „apud inferos“, bei denen da unten, befinden sich auch nach Auffassung der Etrusker und dann der Römer die Verstorbenen. Der „Decumanus“ war, wieder ein Bezug zum Sonnenaufgang, zum Osten hin orientiert. Noch bevor diese Einteilung der zu gründenden Stadt erfolgen konnte, schritten die Priester das gesamte Areal ab und bezeichneten mit einer Pflugschar das Gebiet dieser Neusiedlung. Auch in diesem Zusammenhang werden wir an die Stadtmauer, in unserem Fall an die Klostermauer erinnert. Es wird deutlich, wie viele geheime, in Vergessenheit geratene Weisheiten in manchen Gebäuden verborgen liegen, nicht zuletzt in den Kirchen und Klöstern. Schon allein die bisherigen Aufzählungen mögen uns nahe bringen, daß die von uns als wirklich erkannte Wirklichkeit, wie wir sie mit unseren Sinnen wahrzunehmen vermeinen, nur ein ganz geringes Spektrum ausmacht eines Universums, das in der Dimension des Glaubens noch durch die Unendlichkeit Gottes bereichert wird. Ist es nicht eine ganz simple Erfahrung, daß wir allesamt von vielerlei Einflüssen, ich denke etwa an die atmosphärischen, abhängig sind? Der moderne Mensch lehnt Religion ab, die Rückbindung ins Göttliche und ebenso in das Überkommene, wobei es sich bei vielen von uns um eine Gott-Vergessenheit handelt. Uns geht es so gut, daß viele an Gott ausschließlich in Ausnahmefällen erinnert werden, eben dann, wenn nur mehr ein Wunder helfen könnte. Auf der anderen Seite sucht der aufgeklärt scheinende Zeitgenosse eine Ersatzbefriedigung und flüchtet sich in die dumpfe Ungewißheit der Astrologie und entnimmt sein Glück den Horoskopen, die sich allein schon von Zeitung zu Zeitung widersprechen und sich schon darin „ad absurdum" führen.

Mit den Augen des Glaubens und der Liebe schauen und sehen!

Saint-Exupéry sagt einmal: „Man sieht nur mit den Augen des Herzens gut." So erlaube ich mir, nochmals zu betonen: Die Welt der Klöster ist eine ganz eigene, eine andere Welt. Dem Menschen hinter den Klostermauern, Mönch oder Nonne, wird man, wollte man ihn nur mit den Augen dieser Welt besehen, kaum gerecht. Darüber hinaus wissen wir alle, daß sich uns unsere Umwelt erst dann eröffnet, wenn wir sie eben mit dem Augen des Herzens betrachten. Versuchen wir also, uns dem Menschen im Kloster zu nähern, weniger mit dem Seziermesser des Rational-Diesseitigen, und etikettieren wir ihn nicht mit so pauschal zwielichtigen Vorurteilen wie „Weltflüchtiger", „Zölibatär" u. a., sondern bemühen wir uns, ihm gegenüber die Augen unseres Glaubens zu öffnen – und wären es schlicht die Augen einer verschütteten Gläubigkeit aus unserer Kindheit, die mit den Augen der Liebe identisch sein können. Wir sollten uns eher bedächtig in diese geheimnisvolle Wirklichkeit hineintasten, die von Mensch zu Mensch unterschiedlich ist und nicht generalisiert werden darf. Werfen wir also einen Blick über und hinter die Klostermauern!

Die Klostermauern: Ihre Baugeschichte

Apropos Klostermauern: damit wir auch diese Barriere ansprechen, die sich vor uns als erstes auftut und in den Weg zu stellen droht, wenn wir uns schon vorsichtig einem Kloster nähern. Kloster bedeutet für viele von uns: abgeschlossene Zone, geheimnisvoller, eigenwilliger Bereich. Und in der Tat, so läßt sich die Wortwurzel von Kloster, nämlich „claustrum", vom Lateinischen „claudere = schließen, verschließen", ableiten. Klostermauer nun ist ein Begriff, der vielschichtig und ebenfalls nur aus der Entwicklungsgeschichte verstanden werden kann. Auch in diesem Detail, das üblicherweise so einseitig in unserer Vorstellungswelt und Phantasie haftet und häufig sogar als „pars pro toto – als ein Teil für das Ganze" zu stehen kommt, auch hierin kann gezeigt werden, wie umfassend wir zu denken und zu empfinden haben, wenn wir uns dieser für viele noch mit Tabus behafteten Zone nur ein wenig nähern und sie doch einigermaßen ganzheitlich erfassen wollen.

Die Klostermauer: Vom Bauernhof bis zum Katharinenkloster

Mir ist in China und in Ägypten aufgefallen, daß es die Klostermauern auch außerhalb der Klöster schon seit langem gibt. Einzelhöfe, also landwirtschaftliche „Produktionsstätten" – und ich benutze diesen mehrfach belasteten (z. B. Kolchosen, Kibuz), fast schillernden Ausdruck, um auch in solchem Kontext auf die Mehrdeutigkeit aufmerksam zu machen –, die ja ein Ganzes ausmachen, diese Gehöfte, die einzeln in der weiten Landschaft stehen, gleichen alle einem Klein-Kloster. Sie erscheinen alle gleichermaßen nach außen durch hohe Mauern abgesichert und von allen Außeneinflüssen geschützt zu sein. Was ist der Hintergrund? Die Vorfahren unserer Klostermauern sind tatsächlich in den alten Bauernhöfen zu suchen und in den oben genannten Ländern: überall dort, wo der Bauer mit seinem Familienverband in Gemeinschaft, mit Klein- und Großvieh in Symbiose lebt. Das Kleinvieh, die Hühner, die Enten und Gänse, eventuell noch Tauben, beleben den geschlossenen, ummauerten Innenhof einer solchen Anlage. Da sind die Abfälle aus der Küche das Futter für sie, einfachste Form von Entsorgung und Recycling. Die Rinder hingegen suchen untertags im Umkreis des Gehöfts ihre Nahrung und bleiben auch dort. Gegen Abend aber trachten sie nach einem vor feindlichen Einflüssen sicheren Unterstand und finden ihn im ummauerten Geviert. Alles in allem ergibt sich dadurch eine über die Jahrtausende bewährte Frühform von Recycling, die soweit gehen kann – im Museum von Xian sah ich ein solches, altes Tonmodell –, daß die Latrinenabläufe in die kleinflächig außerhalb des Gehöfts angelegten Einfriedungen einmündeten, in denen die Schweine die restliche Entsorgung vornehmen. Ich gestehe, seither darf ich beim guten Schweinebraten nicht an China denken.

Ägypten, Sinai und Athos: Anachoreten, Koinobiten, Idiorhythmiker

Zunächst sei festgehalten, daß sich die ersten Klöster, vor allem in Ägypten, tatsächlich aus solchen Bauernhöfen entwickelten. Als Beweis kann man jene noch bestehenden, ja, seit dem 3. und 4. Jahrhundert bis heute ununterbrochen bestehenden, koptischen Klöster, St. Paulus und St. Antonius, anführen. Antonius der Einsiedler, der dem einen der Klöster seinen Namen gab, weil er dort lebte, ist nicht zuletzt durch Matthias Grünewald und seine Kunstwerke für die Antoniten, die sich besonders der Pestkranken annahmen, bekannt und vielen vermutlich durch die Schilderungen und Darstellungen seiner Versuchungen ein Begriff. Die Klöster des hl. Paulus und des hl. Antonius nun befinden sich bei Oasen, jede ausgezeichnet durch eine lebensspendende Quelle, von der das kleine, fruchtbare Umland gespeist wird, jene Einöde, in der Menschen im Verbund mit all dem zu leben imstande sind, was zu ihrem Lebensunterhalt nötig ist, ohne Kontakte nach außen pflegen zu müssen, einzig und allein auf Gott und die Selbstheiligung konzentriert. Und hiefür gibt es eine Tradition, die eben zurückgeht bis in die Anfänge des christlichen Mönchtums.

Wir können es nachlesen in der „Historia monachorum", die lange Zeit dem Rufinus zugeschrieben wurde, die aber, gemäß neueren Forschungen und Funden, auf einer zumindest griechischen Textvorlage beruht, die wiederum im heutig arabischen Raum verwurzelt sein dürfte. Diese Berichte einzelner Mönche gehören zu den ältesten Zeugnisse unserer Überlieferung und erzählen von Menschen, die sich aus der damals blühenden und pulsierenden Großstadt Alexandrien in die Einsamkeit der Wüste zurückzogen. Wir nennen diese Einsiedler gerne die „Mönchsväter". In ihren Erzählungen und Erfahrungen spiegeln sich menschliche Grunderfahrungen wider, die bis auf unsere Tage Gültigkeit bewahrt haben. Die Frustration dieser Weltflüchtigen, die Inhalt und Werte für ihr Leben suchten, spricht aus vielen Berichten. Sie zogen sich zurück, sonderten sich ab, um im Verzicht auf die angeblichen Freuden der Welt zu sich selbst zu finden. Frühe „Aussteiger" mit dem Willen, einzig und allein Gott und den Menschen zu dienen. Wie? Im Gebet und in geistlicher Lesung, wobei uns unvorstellbar ist, daß sie ein Gebetspensum pro Tag absolvierten, zu dem wir kaum in einer Woche fähig sind. Gebet ist Verbindung zur anderen Welt, ist Ausrichtung auf ein ewiges Ziel, ist Sinngebung im gläubigen Bewußtsein, schon jetzt durch den Kreu-

Feier der griechisch-orthodoxen Liturgie mit Patriarch Diodoros in der Grabeskirche von Jerusalem.

Herrn Jesus Christus eine „neue Wirklichkeit“ (hl. Paulus) zu sein. Mit ihrer Hände Arbeit, vor allem indem sie der Wüste Nahrung abrangen – es klingt kaum vorstellbar, aber ich sah die heutigen Mönche von Wadi Nadrun, bei Sadat-City, wie sie die Wüste in einen blühenden Garten umwandelten –, verköstigten sie die Armen, die damals wie heute offenbar die unausweichliche Kehrseite einer Wohlstandsgesellschaft abgeben. Pachomius (ca. 292–346) gründete dann das erste koinobitische Kloster. Er schuf damit die Grundlage für ein Zusammenleben mehrerer Gleichgesinnter unter gemeinsamen Idealen: gemeinsames Stundengebet, persönliche Armut, Tischgemeinschaft, Verzicht auf Ehe, Bekehrung und Gehorsamspflicht unter fester Regel. „Koine“, bekannt von der Sprache der Bibel, soweit sie in Griechisch verfaßt ist (Neues Testament), bzw. „koinos“ besagt „gemeinsam, zusammen“. Davon wird der Begriff „die Koinobiten“ bzw. „Zönobiten“ abgeleitet. In der Regel Benedikts, gleich im 1. Kapitel, „Die Arten der Mönche“, heißt es über sie: „Die erste Art sind die Koinobiten: Sie leben in einer klösterlichen Gemeinschaft und dienen unter Regel und Abt.“ Unter den vier Arten von Mönchen werden in diesem ersten Kapitel gleich anschließend die „Anachoreten“, die sich absondern, das heißt die „Einsiedler“ behandelt.

Die Mönche auf dem Berg Athos lassen sich noch heute einteilen in solche, die koinobitisch und in solche, die idiorhythmisch strukturiert sind. Erstere stehen als Gemeinschaft unter einem „Hegumen“, einem Oberen bzw. Abt und verzichten auf Eigenbesitz, letztere leben zwar, wenn man so will, unter einem gleichen Dach, aber jeder gestaltet unabhängig von den Mitbewohnern sein „Appartement“, was schon von außen an den Balkonen deutlich zu erkennen ist. Ich war insgesamt überrascht, wie sehr in der Mönchsrepublik am Athos alles weiterbesteht, was schon zu Zeiten des hl. Benedikt (480–547) und seiner Vorläufer oder eben von Pachomius grundgelegt worden war. Das gehört vermutlich dazu, um „orthodox – rechtgläubig“ sein zu können. Pachomius dürfte wohl – und damit sind wir wieder bei unserem Bezugspunkt – die geschlossene, mit Mauern umgebene Anlage als Dach und Daheim für seine klösterliche Gemeinschaft von den Bauernhöfen seiner Heimat übernommen haben.

Wer schon einmal das Glück hatte, das Katharinenkloster am Sinai besuchen zu können, vor dessen geistigem Auge steht der Typus eines ägyptischen Bauernhofs, eingerichtet und adaptiert für eine mönchische Gemeinschaft. Das Katharinenkloster ist eines der ältesten Beispiele und zugleich das prominenteste Belegstück für das, was ich in Bezug setze zu einer gleichsam als Befestigung und Abschrankung dienenden und mit Klostermauern umgebenden Gebäudeanlage, in welcher eine Gemeinschaft jenen Ort finden konnte, an dem ihr Schutz vor der sie umfassenden Welt geboten wurde. Freilich, welch ein Unterschied zwischen damals und heute, zwischen diesem Kulturkreis und den Klöstern des Abendlandes mit ihren Klostermauern! Im Verhältnis zu der festungsartigen Abkapselung des Katharinenklosters – und ich mache diese Bemerkung nicht nur, weil noch jetzt ein gewisser Groll in mir steckt darüber, daß man uns am Sonntag unseres Besuches aussperrte, am gleichen Abend aber einen amerikanischen Offizier mit einer Whiskyflasche unterm Arm sehr wohl und sehr freundlich empfing, nein, die Unterschiede sind auffallend – nehmen sich unsere Klostermauern geradezu grazil und schmuck aus und sind wesentlich niedriger, fast zum Darüberschauen. Dennoch für viele von uns verbirgt sich dahinter etwas Geheimnisvolles. Dabei leben hinter diesen Mauern nur Menschen, glückliche, traurige, gescheite und weniger gescheite, tüchtige, fleißige, aber auch faule, erfüllte, ja, geisterfüllte, charismatische, vollkommene oder mehr oder minder vollkommene, auch unvollkommene, selbst wenn sie sich, nach alter, kirchlicher Benennung und Zuordnung, im „Stand der Vollkommenheit" befinden sollten. Eines freilich mag bis jetzt schon deutlich geworden sein, wir begegnen einander nur, d. h. ich kann einen Zugang zu diesen Menschen hinter den Klostermauern nur jenen eröffnen, die die Sicht zum Mitmenschen nicht von vorneherein durch Vorurteile verkürzen. Manche lassen sich kaum aus ihrer Nabelbeschau aufschrecken, andere wiederum unterliegen der Gefahr, alles in ihrem Umfeld, vor allem das Unbekannte und weniger Übliche und Alltägliche aus einer einseitig vordergründigen Betrachtungsweise zu beurteilen oder gar alles besser zu wissen. Um solchen Haltungen etwas entgegenzutreten oder sie ein wenig aufzuweichen, sind meine Gedanken zum Teil weit abgeschweift und bis hierher, auch über ein meinetwegen so nebensächliches Detail wie die Klostermauer, niedergeschrieben und vorgelegt. Doch, ich bin noch nicht am Ende, nicht einmal zum Thema Klostermauern!

Das „Klein-Klima" hinter Klostermauern

In einer unserer Stiftspfarren – es handelt sich dabei um Pfarrgemeinden, die in Österreich meist schon durch die Stifter, in vielen Fällen durch die Babenberger, einem Stift zugeordnet, im Fachausdruck „pleno jure inkorporiert" sind – gibt es einen besonders großen Pfarrgarten, der mit einer hohen, unserer Klostermauer vergleichbaren Mauer umgeben ist. Pfarrgärten, vor allem aus klösterlicher Einflußsphäre, haben das so an sich. Ich weiß es aus meiner Heimat Rottenbuch. Den schönsten Platz, südseitig an der ehemaligen Klostermauer,

„Klostermauer" von außen.

nimmt der Pfarrgarten ein, was uns als Buben besonders neugierig machte. Die verbotenen Früchte sind noch allemal die besten. Das heißt, wir wollten erkunden, was sich hinter der Mauer befindet und entdeckten dort in der Tat, viel früher als im eigenen Garten, die reifen Kirschen und Äpfel. Es ist eine ganz allgemeine Erfahrung, daß uns das nicht offen Liegende, das Verborgene, das Abgeschrankte und das Umbaute mit Neugierde erfüllt. Man meint, etwas Besonderes, etwas Geheimnisvolles wittern zu müssen, was unsere Phantasie beflügelt, und jeder von uns ist stets versucht, darin auf Entdeckungsreisen zu gehen. Das gilt auch für das, was wir Intimsphäre nennen und heute als unnötiges, lästiges Tabu abzuschaffen im Begriffe sind. Dieser Zustand, von den

„Klostermauer" dahinter.

Erzabtei St. Ottilien, Deutschland. P. Frumentius spendet nach alter benediktinischer Tradition mit einem Kreuzpartikel den „Maurussegen". Dr. P. Frumentius ist gesuchter Fachmann bei Störfaktoren der Raumakustik durch Erdstrahlen. Seine Erfindung, „Erdstrahlen sind keineswegs Prozesse, die mit Strahlengeschwindigkeit zu tun haben, sondern mit einer Zerfallsgeschwindigkeit von 1cm/sec. hinsichtlich der Veränderung der durch die Erdstrahlen erzeugten Ionisationszonen," wird international von Physikern anerkannt.

Die Insignien des Erzbischofs Dr. Abraham vom koptischen Patriarchat in Jerusalem.

Medien provoziert, bedingt eine bedauernswerte Aushöhlung insbesondere jenes Spannungsverhältnisses, das zwischen den Geschlechtern naturbedingt besteht und ehedem die Kreativität vieler Künstler und Menschen anregen und beflügeln konnte. Wir jungen Buben vermuteten selbstredend eine ganze Welt im Pfarrergarten und begaben uns gerne dorthin auf Erkundungsjagd, was nicht immer leicht war, stand uns doch nicht selten der Dackel unseres Herrn Pfarrers mit lautem Gekläff plötzlich im Wege. Schon damals ging mir auf, daß dieser Platz der wärmste des Ortes war. Eine „Glasveranda" bot dem Pfarrherren, der selber zupackte und viel von Obstbau und Gemüse verstand, Ruhe und Erholung. In jenem Pfarrgarten nun, den ich zu Geras, also zu meiner Abtei gehörig ansprach, war das Mauerwerk der Umfriedung in den fünfziger Jahren brüchig geworden und man überlegte, der hohen Kosten wegen, dieses Bollwerk – und als solches sahen wir es eben nur vordergründig: Schutz für den dort Brevier betenden Pfarrherren – schleifen zu lassen. Da trafen Pfarrer und Lehrer zusammen – ich erfuhr erst unlängst von dieser Begebenheit –, und die Rede kam auch auf den Pfarrgarten, wobei es sich in erster Linie um den Obstgarten handelte. Mein Mitbruder erzählte, daß die verfallene Mauer niedergerissen würde. Da erhob sich der Lehrer und trat seinem Kollegen, dem Re-

ligionslehrer, mit der Aufforderung entgegen: „Zerstören Sie, um Gottes Willen, dieses Kleinklima nicht!“ Darauf wurde mit hohem Aufwand diese Mauer wiederhergestellt. Ein wahrer Garten Eden entstand; denn bei dem Schauplatz des Geschilderten handelt es sich um die Pfarre Harth bei Geras, die von dem heute weit über die Grenzen Österreichs hinaus als Kräuterpfarrer bekannten und beliebten Mitbruder Hermann Josef Weidinger betreut wird.
Merke also: eine verengte Sicht der Dinge, verkürzt, beschränkt unsere Kenntnisse, unser Wissen, mindert den Schatz der Erfahrungen. Ich selbst stelle fest, wie viel ich von unserem Senior, dem ältesten Mitglied unserer Kommunität, dem nun 85jährigen Dr. Ambrosius Pfiffig, lernen und übernehmen kann, welche Lebensweisheit er uns vorlebt. Der Senior im Kloster nimmt die Rolle der Großeltern ein. Bei uns reichen seine mündlich tradierten Kenntnisse bis in das Jahr 1840 zurück, der Zeitraum, der ihm seit Eintritt in Geras mündlich überliefert wurde.
Zum Geheimnisvollen des nicht Offengelegten und dessen, was zu erkunden uns Freude macht, sei noch hinzugefügt, daß die alten Philosophen offensichtlich mit Recht behaupten: Die Neugierde ist der Anfang der Weisheit. Sind sie, lieber Leser, nun neugierig genug, mit mir die Klausur zu betreten?

Stift Heiligenkreuz (N.Ö.), die Kreuzreliquie. Diese Form der Kreuze (wie auch im Heiligkreuzkloster Scheyern, Bayern) geht auf die Byzantiner zurück und enthält Teile vom Holz des „Schandpfahls, an den Christus geheftet wurde“ (Hymnus der Karwoche).

Ring und Brustkreuz (= Pektorale) sind die Insignien der Bischöfe aber auch jener Äbtissinnen und Äbte, deren Abteien das Recht auf Pontifikalien eigen ist. Im Bild wertvolles Pektorale aus dem barocken Bestand des Stiftes Geras (N.Ö.).

WER KANN INS KLOSTER GEHEN – WER IST DORT SCHWESTER ODER BRUDER

Der Titel bezieht sich natürlich nicht primär auf uns, die wir nur neugierig unseren Kopf in ein Kloster stecken wollen, um alles kennenzulernen, ohne die Absicht, dort den Rest unseres Lebens zu verbringen. Wir – und ich stehe für diesen Fall an der Seite des Besuchers, neugierig, beflügelt von dem Wunsche Neues zu entdecken, Aufklärung zu erhalten über Dinge, die uns nicht geläufig und eben nicht alltäglich sind –, wir werden das Kloster wieder verlassen, nachdem uns entsprechender Einblick gewährt wurde. Wir wollen auskundschaften, wer denn dieser Mensch im Kloster ist. Auf der anderen Seite ist es durchaus denkbar, daß sich der eine oder andere etwas ernsthafter für diese Welt interessiert, zumal es auch die Möglichkeit des „Spätberufenen" gibt. Manch einer benötigt vielleicht eine Alternative zu seinem bisherigen Weg, sucht neue Inhalte oder Sinngebung oder will schlicht ein anderes Leben beginnen. Freilich, gegen solche Vorstellungen stehen oft handfeste Hindernisse, Einbindungen und Pflichten. Wer möchte nicht manchmal sein bisheriges Leben verlassen und von vorne beginnen? Genügten solche Wünsche schon, wären sie bereits Motivation genug? Heißt Mönch-Sein, einem Beruf nachgehen? Der Reihe nach!

Einer unserer Lehrer am Benediktinergymnasium in Scheyern, der Senior zu dieser Zeit, erfuhr eines Tages – ich war in der letzten Klasse –, daß ich unter Umständen in Scheyern eintreten wollte. Er sprach mich kurz darauf an. Für mich ein bleibender Eindruck, und ich sehe die große, korpulente, etwas nach vorne gebeugte Gestalt noch vor mir. Auf dem Kopf immer den „Pilleolus", auch „soli Deo" genannt (heute größtenteils nur mehr von den Bischöfen in Violett, den Kardinälen in Rot, getragen, man könnte es mit „Pfarrerkäppchen" übersetzen), der das schüttere Haar zumindest nach hinten zu abdeckte. Die gütigen Augen und ebenso die Hände dieses Paters, sie sehe ich noch heute recht deutlich vor mir. Ich kenne Frauen, die meinen, Priesterhände seien in besonderer Weise geformt und gezeichnet. Sei's drum! Von diesem Gespräch jedenfalls mit P. (= Pater) Stephan blieb in mir bis heute haften: „Wer ins Kloster gehen will, muß von dem einzigen Wunsche beseelt sein, Gott zu suchen. Er muß ein Gottsucher sein oder werden."

Wenn ich ganz ehrlich bin, machte mich damals dieser Rat des alten Benediktiners eher verlegen als betroffen; denn er mußte wissen, wovon er sprach. Was soll das heißen, ein Gottsucher sein? Ich war überzeugt, es würde auch im Kloster eine breite Palette geben, die das Leben ausmachte. Mich zogen hauptsächlich die vielseitigen Bildungsmöglichkeiten, die großen Räume, die alten Gebäude und deren Schönheit an. Zu diesem Zeitpunkt hatte ich bereits zwei Jahre hintereinander, jeweils während der großen Ferien, etwa 10 bis 14 Tage bei den Patres in der Klausur verbracht, bei jenen Patres, die teilweise meine Lehrer waren. Es war eine wertvolle Erfahrung zu sehen, wie schlicht und einfach unsere Erzieher lebten, wie schön es auch war, ihnen menschlich etwas näherkommen zu können. Ihr Leben verlief durchaus im Rahmen des Normalen. Waren sie nur „Gottsucher"? Oder worin bestand ihre Gottsuche? Da gab es so viele schöne und interessante Möglichkeiten in diesem Ver-

Sr. Hedwig, die Gerstmeisterin aus Kellenried.

band Gleichgesinnter, denen alles gemeinsam gehörte und die deshalb besondere Dinge zu bewegen imstande waren. Ich denke etwa an die große Bibliothek mit mehr als 100.000 wohl geordneten und nach Sachgebieten eingereihten Büchern, zu denen man jederzeit Zugang hatte. Im Lesezimmer lagen die wichtigsten Zeitschrifen, auch einige Zeitungen auf. Auf der großen Orgel konnte ich meine Gefühle in Töne umsetzen, aber auch zur Ehre Gottes den berauschenden Klang der Königin der Instrumente benutzen. Beim Chorgebet schließlich und beim Konventamt lernte ich die objektivierte, für alle verbindliche und verbindende Form der Rezitation und des gregorianischen Gesangs kennen. In all diesem tat sich mir eine Welt auf, die mich ganzheitlich ansprach und mich fürs erste das Gefühl des Erfülltseins erfahren ließ. Wenn so die „Gottsuche" aussah, so konnte ich mich damit identifizieren. Damals kam noch der Reiz hinzu – 1952/1953 war das ganze Offizium = Chorgebet noch in Latein –, feststellen zu können, daß man den Großteil dieser Texte verstand. Ja, diese in der Schule gelernte, anscheinend tote Sprache erfuhr plötzlich Leben und Inhalt. Sie bekam Klang und Melodie und dies in der Rezitation auf einem gemeinsamen Tenor („Ténor" = jene Tonhöhe, die als für alle verbindlich einzuhalten, vom Lateinischen „tenere") und gemessen „distincte, verbatim", Wort für Wort, und „non transcurrendo vel syncopando", nicht überstürzt, nicht hektisch, sodaß der Eindruck von Synkopen, besonders bei einer Überbetonung der Vokale, hätte entstehen können. Die Psalmverse werden abwechselnd zwischen Abt- und Priorseite vorgetragen, im Gleichmaß der Silben, ohne sie in Eile förmlich abzubeten, oder gar gedankenlos zu rezitieren. Und keineswegs nur aus der Verpflichtung, das vorgeschriebene Pensum an Breviergebet möglichst schnell zu persolvieren. Eine solche Haltung gibt und gab es in allen Jahrhunderten, wie den lateinischen Fachausdrücken zu entnehmen ist, die ich aus einer Visitationsurkunde der Melker Reform (1418–ca. 1472) zitierte, was lange Jahre mein Forschungsgebiet war. Unterschiedlich und vielfältig waren also diese Eindrücke und Erfahrungen, die auf mich während dieser „Schnupper-Wochen" im Kloster einwirkten. Man war abgeschirmt von der übrigen Welt, und wie ein Schutzwall umfingen uns die Klostermauern, hinter denen immer alles ohne eigenes Zutun wie von Geisterhand zu funktionieren schien: Essen und Trinken, Wäsche, Reinigung in allen Gemeinschaftsräumen usw., alles wurde einem abgenommen, man konnte sich auf Wesentliches konzentrieren, eben lesen, studieren, meditieren, musizieren und das eigene Sich-selbst in jene schwebende Dimension, die da zwischen Himmel und Erde zu bestehen schien, hineinprojezieren. Das streng einzuhaltende und eingehaltene Stillschweigen auf den Gängen unterstrich bei mir noch den Eindruck, daß die meisten Patres und Fratres, die Kapuze ins Gesicht gezogen, von Tür zu Tür förmlich schwebten. Diese innere Sammlung, die darin zum Ausdruck kam, übertrug sich, erfaßte mich. Ich empfand sie als wohltuend, damals wie heute.

In diesem Stadium des Kennenlernens stand noch nicht meine endgültige Entscheidung an. Ich nahm also alles wie im Film auf. Nicht nur die ernsteren Seiten, auch die Freizeitgestaltung, wobei wir Jüngeren – aber selbst unsere Lehrer hielten mit – gerne nach dem Mittagessen Faustball spielten. Man konnte auch im gepflegten Klosterpark ausgedehnte Spaziergänge machen. Den älteren Herren begegneten wir gelegentlich auf den gut gepflegten Wegen, nicht selten in ein Buch vertieft, um sich weiterzubilden oder auch um die Gedanken in einer Meditation zu sammeln. Am Abend gab es bei Schönwetter nur eine halbe Stunde lang einen auf

Gruppen verteilten Spaziergang: die gemeinsame Rekreation, die Erholungszeit. Manchmal passierte es, wenn einer besonders lustig oder interessant zu erzählen vermochte, daß die eine Reihe nach vorne gerichtet voranschritt und die Vorausgehenden sich umdrehten, also mit dem Rücken nach vorne, mit dem Gesicht zum Erzählenden bedächtig durch den Konventgarten spazierten. „Spatiamenta facere“, ein Spatium zurücklegen, davon stammt unser Wort spazierengehen. Ich weiß, ich kann es nicht unterlassen, immer wieder Bezüge, selbst Sprachbezüge herzustellen. Ich möchte aber keineswegs schulmeisterlich wirken. Es bereitet mir einfach Freude, solche Zusammenhänge aufzuzeigen, und deshalb gebe ich sie gerne weiter. Nicht zuletzt stammen viele solcher Wortbildungen aus dem klösterlichen Milieu. Ich zähle dies alles zu dem Versuch, die Welt der Klöster einem Außenstehenden etwas näher zu bringen.
Was mich bei diesen meinen Besuchen in der Abtei noch besonders beeindruckte, war der Tagesablauf, das täglich wiederkehrende Gleichmaß eines Wechsels von gemeinsamen Gebetzeiten, Mahlzeiten – auch diese geordnet, mit Tischlesung, also nicht nur Nahrung für den Körper, auch für den Geist –, Arbeits- und Studierzeit, aber auch Freizeit und gemeinsame Erholung. Daß um 4 Uhr früh die Glocke zu den Laudes rief, war zwar hart, aber die Komplet, das kirchliche Abendgebet wurde schon um 20 Uhr rezitiert. Danach begann das nächtliche Stillschweigen, ein „silentium strictissimum“, wie damals noch bei den Anweisungen in den Gästezimmern zu lesen war. Mein Aufenthalt „in S.“ – ich zitiere – war abwechslungsreich, intensiv in der Ausnützung von Zeit und Mitteln. Täglich ergaben sich neue Erfahrungen vor allem im Umgang mit den zu dieser Zeit noch verhältnismäßig zahlreichen „wirklichen Mönchen“, den „Klosterbrüdern“. Diese konnte ich vom Gymnasium und Internat her nicht kennen, weil sie einen Beruf erlernt hatten und folglich in den verschiedenen Werkstätten des Klosters ihren Beschäftigungen nachgingen.
Meine Eindrücke während dieser „Schnupperwochen“ im Kloster waren durchaus positiv, ja, die Zeit wurde mir fast zu kurz. Manchmal freilich enteilten meine Gedanken gleich dem Blick in die weite Landschaft, der sich vom Dachzimmer aus, das ich bewohnte, auftat, in ein nicht definierbares Ungewisses. Insgesamt aber waren diese Wochen eine äußerst wertvolle Erfahrung, die ich selbst bei einer Entscheidung für einen anderen Lebensweg nicht missen möchte. Zurückgekehrt ins Elternhaus verspürte ich selbstredend die Unterschiede zwischen Kloster und Welt, spätestens während des Schuljahres freilich wurden meine guten Eindrücke wieder relativiert, dann nämlich, wenn es Ärger mit den Patres Lehrer gegeben hatte. Diese zeigten sich plötzlich nicht mehr von der beschaulichen Seite. Sie waren wohl oft – so kann ich das im nachhinein beurteilen – schlicht überfordert. Wir waren auch keine einfachen Schüler – wann sind Schüler je einfach oder nur brav? Ich will dies für meine Person zumindest nicht als Abschwächung verstanden wissen – und zum Gesamtpensum ihres klösterlichen Tagesablaufes kam das Übermaß an Verpflichtungen in der Schule. Traten eben Spannungen oder Probleme mit einer Klasse oder einem Schüler auf, verlor der eine oder andere hochwürdige Herr schon einmal die Contenance, die Beherrschung. Pochte er gar bei Debatten um Inhalte und Unterrichtsgegenstände noch auf seine Stellung als Lehrer, dann ging jeder Respektsvorsprung, der ihm als Angehörigen des geistlichen Stands eingeräumt worden war, verloren. Oft bestand sogar Gefahr, daß sich die Emotionen ins Gegenteil verkehrten. Ein Grund für mich, die Meinung zu vertreten, daß ein überforderter Pater als Lehrer viel mehr Schaden anrichtet als eine

Sr. Barbara, eine Novizin in der Benediktinerinnenabtei Maria Frieden in Kirschletten, Deutschland. „Homo videt in facie, Deus autem in corde – der Mensch schaut in das Gesicht, Gott aber ins Herz.“

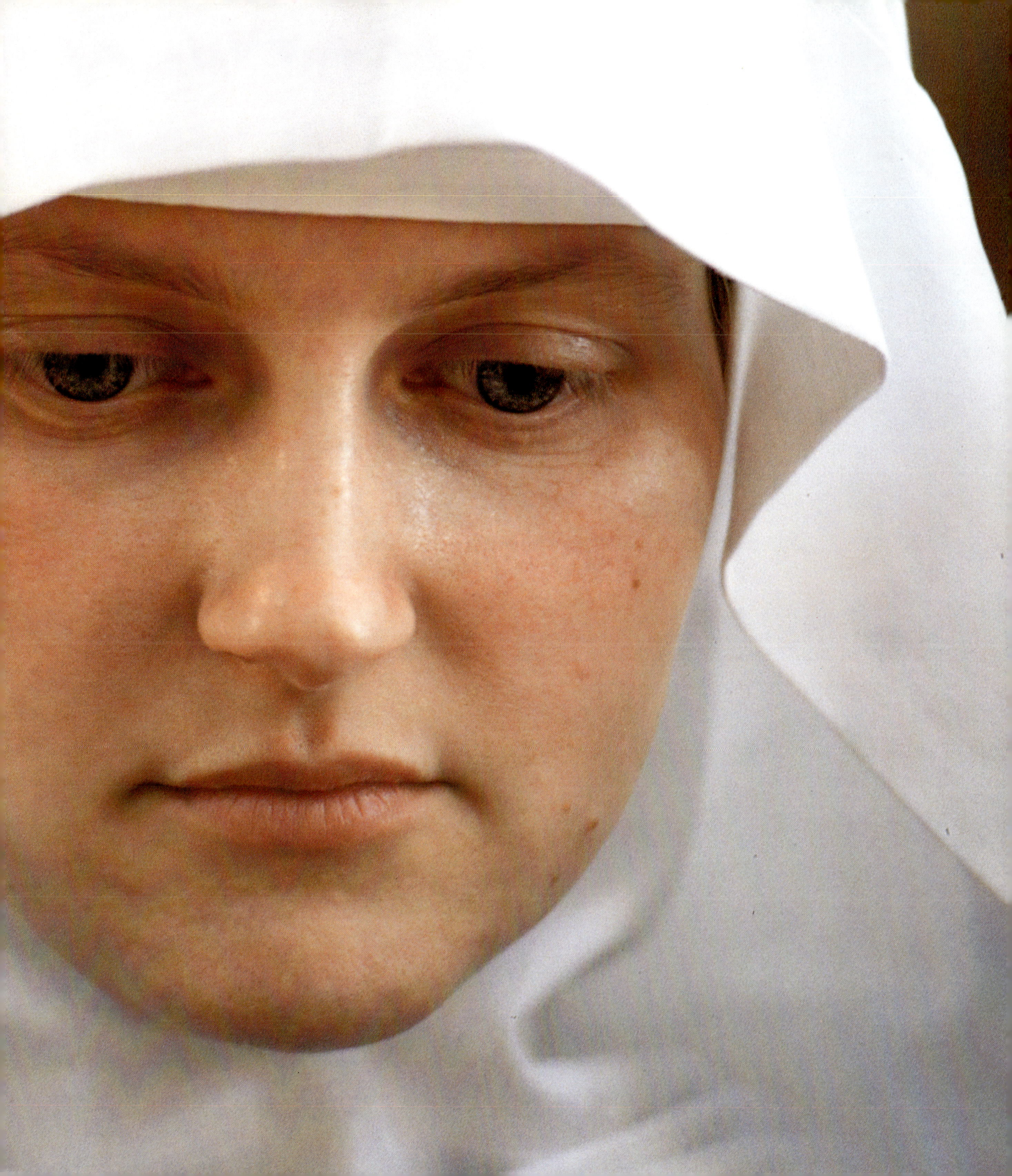

Die Abtei Maria Frieden in Kirschletten, Deutschland, wurde von den Philippinen aus durch Tutzinger Missionsbenediktinerinnen gegründet, deshalb so international, so „katholisch“ (im ursprünglichen Sinn des griechischen „Kat'holon“, auf das Ganze bezogen).

„weltliche“ Lehrkraft an einem Stiftsgymnasium, einen Schaden, der sich auf die Gesamtinstitution überträgt. Menschliches, allzu Menschliches, das gibt es auch hinter Klostermauern! Und obwohl ich durchaus kritisch manche Zustände beurteilte, die Schwächen meiner Lehrer sah und unter ihnen litt, ja, vielleicht von Haus aus gar nicht der ideale Typ für einen Klostereintritt zu sein schien, an mich erging die Berufung. Ich kam nicht mehr los von dem inneren Drang, ins Kloster zu gehen. Da waren durchaus auch andere Versuchungen, die mir alle nur erdenklichen Hindernisse in den Weg legten. Gewiß die Sturm- und Drangperiode war überwunden, ich wütete auf den Klavieren und fand in Beethovens Pathétique, der Mondscheinsonate und anderen recht impulsiven Musikstücken einen Ausdruck meiner Gefühle. Auch die Orgel hatte darunter zu leiden. Ein anderer Gedanke kam auf: Ich, wir – mittlerweile waren wir zu dritt, die daran dachten, nach dem Abitur, der Matura, Benediktiner zu werden – wollen es besser machen, und wir werden die Situation in dieser Kommunität verändern.

Qualitäten, Eigenschaften der Berufung zum Klostereintritt

Wenn ich schon vorauseilend an diesem Punkt festhalten darf: Ein Klostereintritt

Erzabtei St. Ottilien, Deutschland, Mönche beim Chorgebet, in den „Chorstallungen".

unter dem Vorzeichen, bestehende und gegebene Verhältnisse verändern zu wollen, bei bester und lauterer Absicht, ein solcher Vorsatz führt unweigerlich, so kann ich heute auf dem Hintergrund meiner Erfahrungen beteuern, ins eigene Abseits. Menschen nämlich, die ihr ganzes Leben lang, ob gut oder schlecht, allerdings im guten Glauben, alles in einer klösterlichen Gemeinschaft gemäß der Regel und den Lebensgewohnheiten in bestem Wissen und Gewissen getan und vollbracht zu haben, solche, Nonne oder Mönch, Schwester oder Bruder, fühlen sich nicht nur in ihrer Haltung sicher und Jüngeren oder gar Neuankommenden, also den Kandidaten und Novizen gegenüber im Recht, ja, vielleicht sogar herausgefordert, die gute, altbewährte Observanz zu bewahren und vor Unwissenden zu schützen. Sie sind darüber hinaus aus der Natur der Sache einem alt gewachsenen Baum vergleichbar, weder zu verpflanzen noch zu verändern. Es besteht sogar die Gefahr – ich beobachte seit Jahrzehnten und bin manchmal geradezu entsetzt –, daß selbst Klosterleute mit hohem Niveau und verdienstvollen Leistungen, im Gewohnten, wenn es um lächerliche Alltäglichkeiten geht, wenn z. B. ein Salzfäßchen auf dem Tisch fehlt, wenn die Gläser einmal verwechselt wurden, so sehr im Alt-Gewohnten verhaftet sind und sich darauf berufen, „das war immer so" oder „im Liber usuum, dem

Zisterzienserinnenabtei Oberschönenfeld bei Augsburg, Deutschland: Die Gärtnerin, Sr. Angela.

Birgittinnenkloster Altomünster, bei Dachau, Deutschland. Um das Jahr 730 erhält der schottische Wandermönch Alto – siehe Kopfreliquiar und Büste – an der Ostgrenze des damaligen Reichs Königsgut geschenkt und gründete ein Kloster. 1497 wird Altomünster dem „Orden des Allerheiligsten Erlösers", den Birgittinen, übergeben. Es besteht als Doppelkloster bis 1803. Während der Männerkonvent, welcher der jeweiligen Äbtissin unterstand, aufgelöst wurde, konnten die Birgittinnen bleiben.

Buch der Hausgewohnheiten, steht das anders", daß der junge Mitbruder und Novize, der aus Unkenntnis, oder meinetwegen auch aus Unachtsamkeit, das eine oder andere übersieht, zuweilen einer großen Belastung und Prüfung ausgesetzt wird. Solche Formen der Unbeweglichkeit können unter Umständen aus einer falsch empfundenen Regeltreue resultieren und führen ins nicht beabsichtigte Gegenteil dessen, was Inhalt und Sinn einer Vorschrift ausmacht. Gelegentlich kann man sich des Eindrucks nicht erwehren, der Horizont manch besonders Frommer und Braver endige an der Klostermauer oder werde durch sie zumindest eingeengt oder verkürzt. Nur einem klugen Oberen mit Bedächtigkeit kann es gelingen, seine Kommunität zu dynamisieren und ihre Vorstellungswelt in den richtigen Kontext und in die angemessene Relation, und dies auf Langzeit zu bringen. Man benötigt viel Geduld dazu! Natürlich spreche ich aus Langzeiterfahrung und aus Vergleichen in vielen Konventen!

Vor diesem Hintergrund, und weil ich selber Fehler beging und dafür zu büßen hatte, wenngleich aus ehrlichem Idealismus und jugendlicher Überzeugung, sei dem Eintrittswilligen zugerufen: Merke! So wertvoll Dein Motiv auch immer sein mag, ein Eintritt in ein Kloster, auch in der Überzeugung, den Ruf zur Nachfolge des Herrn zu verspüren, gleichsam mit Sen-

dungsauftrag, mit dem meinetwegen sogar begründeten Wunsch und in der Absicht, Bestehendes zu verändern, zu reformieren, bringt nicht nur Probleme, sondern führt langfristig in den eigenen Untergang. Zur Ausführung und Umsetzung des erfolgten Rufs, sich einer Ordensgemeinschaft auf Gedeih und Verderb, eben für ein Leben lang anzuschließen, sich in sie einzugliedern, muß das gute Empfinden, noch besser, das Bewußtsein gegeben sein, sich in der betreffenden klösterlichen Familie wohlfühlen zu können und Heimat zu finden. Es verhält sich wie in einer Ehe oder Freundschaft: Wenn man sich einmal beschnuppert hat, dann muß alles, gerade auch das Unbewußte, eben daß man „sich riechen kann" oder in moderner Diktion, daß „die Chemie stimmt", harmonieren. Widrigenfalls kann man dagegen ankämpfen, man wird aber langfristig, selbst bei gutem Willen und Vorsätzen, scheitern. Gleiches gilt auch für die mehr ästhetischen Gesichtspunkte. Der hl. Benedikt wußte wohl aus erprobter Erfahrung oder aus seinen Quellen und Vorlagen, der Magister-Regel, Augustin, Basilius, Pachomius u. a. wovon er redet, wenn er feststellt und fordert: Sollte jemand ins Kloster eintreten in der Absicht, eher zu lehren denn belehrt zu werden, dann solle man ihm rechtzeitig das „consilium abeundi – den Rat wieder wegzugehen" geben; denn: „loqui et docere magistrum condecet, tacere

Birgitta von Schweden, 1303 bis 1373, ist die Begründerin des gleichnamigen Ordens. Altomünster ist das einzige Birgittinnenkloster im deutschsprachigen Raum.

Altomünster, Gebet und Meditation im Kapitelsaal.

et audire discipulum convenit – Reden und Lehren kommen dem Meister zu, Schweigen und Hören dem Jünger" (Kap. VI, 6).

In diesem Zusammenhang reizt es mich auch, die nachfolgende Erfahrung mitzuteilen. Ich bin ja noch immer dabei zu schildern, wer befähigt sein könnte, in ein Kloster einzutreten. Da ich annehme, daß dieser Gedanke für den einen oder anderen gar nicht so abwegig erscheinen mag, versuche ich möglichst viele meiner Eigenerfahrungen einzubringen, wenngleich, oder gerade weil sie für mich zu einem negativen Resultat geführt haben. Auf der anderen Seite bin ich heute in der Lage, rückblendend in dankbarer Gelassenheit das Wort des hl. Augustin zu zitieren: „Gott kann auch auf krummen Zeilen gerade schreiben." Und das gilt für mich und die Umwege, auf denen ich geführt wurde. Von daher meine Erfahrungen:

Es gelingt auch einem Ästheten im Kloster nicht, gegen seinen Schönheitssinn auf Dauer zu leben, nicht einmal mit Motivationen, die sogar aus überirdischen Quellen gespeist sein mögen. Daß dabei eine Landschaft ebenso wie die ganze Umgebung und vieles, was das Leben ausmacht, mitschwingt und eine Rolle spielt, das wurde mir erst Jahre und Jahrzehnte später klar. Ich wollte alle diese Faktoren lange Zeit nicht einmal mir selber eingestehen. Heute weiß ich es, und deshalb setzte

ich meine ganze Kraft dafür ein, besonders in dem Augenblick, da ich dankbar erkennen konnte, daß uns in Geras junge Berufungen geschenkt werden – ich formuliere bewußt oder auch unterbewußt in der im Kloster geläufigen Sprache –, daß unsere Gebäude, die ich schon über die Jahre innen mit Zentralheizung und Sanitäreinrichtungen versehen hatte, auch außen renoviert wurden. Jeder junge Mensch – und das ist natürlich, denn selbst die Thomisten wußten schon und brachten in ein Axiom: „Gratia supponit naturam – die Gnade setzt die Natur voraus" – möchte auf das Kloster, dem er zugehört, das sein Haus und sein Daheim ein Leben lang bleiben soll, stolz sein können und mit Freude auch ein klein wenig ein Äquivalent für das besitzen, auf das er verzichtet. Ein fauler Kompromiß?

Zunächst, diese Regungen sind durchaus menschlich, wobei heute hinzukommt, daß kaum mehr jemand in ein Kloster geht, wie etwa im Mittelalter, um eine soziale Aufwertung zu erfahren. In vielen Familien und privaten Häusern gibt es heute mehr Luxus als in unseren Klöstern. Ich selbst sehe und weiß, wieder aus Eigenerfahrung, daß mein Lebensweg in eine ganz andere Richtung gegangen wäre, hätte ich alle ästhetischen Empfindungen verdrängt. Natürlich stand ich auf diese Weise gelegentlich in großer Gefahr, Schritte zu unternehmen, über die ich die Kontrolle hätte

Altomünster, Das Essen wird in das Gäste- und Einkehrhaus gebracht. „Deine Liebe sei über dem Menschen, den Du erschaffen hast" (Birgitta von Schweden).

verlieren können. Rückblickend und aus der Distanz sehe ich vieles anders. Wie immer ich freilich heute die dann nachfolgenden Entwicklungen beurteile, ich muß bekennen, was ich zu meinem silbernen Priesterjubiläum sagte: „Schaue ich nach 25 Jahren zurück, dann verlief mein Weg ganz anders, als ich erwartet oder geplant hatte. Ich weiß nur eines, nirgendwo sonst hätte ich mich mit allen meinen Veranlagungen so entfalten können wie auf jenem Platz, zu dem ich offenbar geführt wurde. Ich selbst hätte mich nicht annähernd so gut programmieren können und dafür will ich dankbar sein."
Viele Faktoren spielen also zusammen, wobei über allem das zu stehen hat, was wir mit Berufung bezeichnen. Ich hoffe dennoch, mit diesen Ausführungen dem einen oder anderen eine Hilfe anbieten zu können, wenn ich so offen spreche. Im Brennspiegel dieser Betrachtungsweise ließe sich natürlich auch in der Weltlichkeit manches durchleuchten, relativieren oder erklären. Ich will die Kirche beim Dorf und den Abt im Stift lassen und davon und darüber möge er aus Eigenerfahrung berichten!
Meine Gedanken enteilen mir, wenn ich über meine jungen Mitbrüder nachdenke, die in fast zehn Jahren einen recht impulsiven Umgestaltungsprozeß in und um das Kloster miterleben konnten. Das schmiedet zusammen und führt zur Identifikation mit einer Einrichtung, auch einem Gebäudekomplex, der durch die Jahrhunderte gewachsen ist. In stiftlichen Pracht- und Prunkbauten mögen da eher Probleme entstehen. Nicht nur die Tatsache, daß sich die Einzelperson darin verlieren kann, es darf nie der Eindruck entstehen, man bewege sich gleichsam in einem Museum und dies mit dem dumpfen Gefühl, in solchen „Palästen" nicht wirklich heimisch werden zu können. Gerade die heutige Jugend sucht Geborgenheit, weil sie diese oft genug in der eigenen Familie vermissen muß. Es soll zwar, wie wir gerade sahen, das Ambiente stimmen, noch mehr freilich zählt der Mensch, die Gemeinschaft. Ich beobachtete immer jene jungen Männer, die sich für unser Haus interessierten. Sie wurden uns meist durch einen Freund oder durch Bekannte empfohlen, schauten sich die Anlagen und Einrichtungen an, wobei einer ansprechenden Kirche – ich wähle bewußt das so ausschmückende Beiwort – eine erstrangige Bedeutung zukommt, den Ausschlag aber gab und geben immer die Menschen, in Verbindung mit ihrer Lebensweise und ihren Aufgabenbereichen. Wenn einem jungen, am Klosterleben interessierten Menschen als erster Eindruck nur Kälte, Strenge und Ernst ins Gesicht schlägt und in solchen Augenblicken gar der Moder der Jahrhunderte ruchbar zu werden droht, dann verfehlt selbst das hehre Vorbild des feingezeichneten Aszeten seine Wirkung. Ich habe natürlich das besondere Gesicht eines Mannes vor mir, der in Aussehen, Haltung und Gelehrsamkeit geradezu die Verkörperung eines Mönchs darstellt, der Karriere machte, den wir wohl bewunderten, zu dem wir aber Abstand hielten und der uns nie Vorbild werden konnte. Den Ausschlag, wenn jemand schon den Ansporn, den Impuls in sich verspürt, eventuell in ein Kloster einzutreten, gibt meist der direkte Kontakt zu einer Persönlichkeit. Dabei weiß niemand von uns, für wen er selbst – und ich bin mir bewußt, in einer solchen Situation schlicht ein „Handlanger Gottes" zu sein – Kontaktperson oder ausführendes Instrument werden darf. Ich halte dabei wenig von modernen Marketing-Methoden, mittels derer mehr Berufungen in unseren Stand gebracht werden sollten. Wir haben so zu leben, daß wir überzeugen, gewisse Grundregeln allgemein menschlichen Verhaltens berücksichtigen und unseren Dienst im Heute der Mitmenschen, unserer Kirche einzubringen bereit sind. Im übrigen darf man darauf

vertrauen, daß die Fortwirkung der „Fleischwerdung des Logos, des Sohnes Gottes“ sich weiterhin der helfenden und heilenden Hände sowie der Umsetzung des Wortes durch lebendige Menschen bedient.
Dahinter verbirgt sich natürlich die ganze Welt der Klöster, der Orden und der Kongregationen, wobei ich meine, daß die Frauen die Männer bei weitem übertreffen, weil sie viel mehr zur Ganzhingabe und zum Einsatz im Sinne ihrer Berufung geeignet sind. Es gibt nicht nur die verschiedenen Zielsetzungen einzelner Ordensgemeinschaften, die oft ihre Entstehung einem besonderen Anliegen oder der Not einer gewissen Zeit verdanken und eine Reaktion auf gewisse Zustände oder Gegebenheiten darstellen, wie etwa die Barmherzigen Brüder als eine Hilfe im Krankendienst oder die Schulschwestern für die Ausbildung vor allem der Mädchen gegründet wurden. Eine große Vielfalt und Vielzahl von Gemeinschaften wäre da aufzuzählen, aber ich möchte nicht Gefahr laufen, den geduldigen Leser zu verwirren oder zu überfordern. Eines sei jedoch hier schon angemerkt: Die ungezählten Ordensgemeinschaften mit ihren so unterschiedlichen Zielsetzungen, Verfassungen und Aufgaben und nicht minder mit ihren fast zahllosen und unterschiedlichen Charismen machen das Bild der katholischen Kirche erst so richtig bunt. Sie sind gleichsam die diversen Professionisten in dieser Kirche. Es gibt einen ganzen Himmel voller Heiliger, die aus ihren Reihen stammen und deren unterschiedliche Talente so zahlreich und vielfältig sind, daß sich sogar eine aufwendige Bischofssynode mit dem „Gott geweihten Leben“ auseinandersetzte. Die Ordensleute werden, so vermeine ich zu verspüren, gerade in unseren Tagen besonders geschätzt und angenommen. Darüber sollten wir uns freuen und uns dadurch beflügeln lassen. Zugleich sei nicht verheimlicht, daß auch die Klostereintritte rückläufig sind, manche Kongregationen mit großen Verpflichtungen Personalprobleme haben und manche Oberin bzw. mancher Oberer sich insgeheim das denken wird, was uns einmal bei einem Exerzitienvortrag ein Abt aus einem mächtigen Barockstift einbekannte: „Ich kam erst zur Ruhe und konnte meinen inneren Frieden wieder finden ob unserer tristen personellen Situation, als ich mir plötzlich bewußt wurde: Mein Kloster muß nicht bis zum Jüngsten Tag bestehen bleiben.“ Natürlich unterscheiden sich in solchen Haltungen auch die Charaktere der Klosteroberen. Anders als der genannte Abt versuchte ich selbst, meine Mitbrüder und fast noch mehr meine Mitarbeiter für ihre Mitarbeit zu motivieren, indem ich ihnen klarzumachen versuchte: Unsere Abtei besteht seit 1153, d. h. fast 850 Jahre lang ununterbrochen, für die nächsten 850 Jahre versuchen wir die Grundlagen neu zu legen.
Nun haben sich weitere Ausdrücke, die zu erklären ich mich gerne anschicken will, eingeschlichen, und es ist immer noch nicht deutlich geworden, wie und durch was ich selbst, der Schreiber, denn endgültig im Kloster gelandet bin. Um weiterzuberichten, stelle ich ein Wort von Martin Buber voraus, das dem gerecht wird, was ich zu erzählen habe: „Alles wirkliche Leben ist Begegnung.“

Die Stunde meiner Berufung

Es kam auch für mich der Augenblick der Entscheidung. Das Abitur rückte näher, die Berufsberater befragten uns nach unseren Zielen und boten Alternativen an. Ich suchte wie schon öfter ein klärendes Gespräch mit jenem Präfekten, der mir und vielen anderen etwas kritischen Geistern nahe stand und auf dessen Meinung wir hörten. Meine Bedenken waren ihm bekannt. Andererseits war ich mir dessen bewußt, daß es ihm immer wieder gelang, uns zu begeistern, die Weite des Bogens, der sich da über die Klöster spann, wie einen farbenfrohen Regenbogen zu schildern. Ihm verdanke ich die ersten Entdeckungsfahrten zu den oberschwäbischen, ehemaligen Reichsabteien, Ottobeuern, Kempten, Buxheim, Schussenried, Weingarten und Salem mit Zeltplatz am Bodensee, zu Füßen der Wallfahrtskirche Birnau, deren Honigschlecker in allen Lexika anzutreffen ist.

An den genauen Hergang dieses für mich so entscheidenden Gesprächs erinnere ich mich im einzelnen nicht mehr, sehr wohl aber daran, daß ich mich ab einem gewissen Moment wie berührt oder gepackt fühlte. So ähnlich mag oft ein Blitz in die Blicke zweier Menschen, die sich kreuzen, einschießen und genügen, um das Feuer einer ehrlichen Liebe entfachen zu können. Über so vielem liegt am Ende ein Schleier von Geheimnis. Die Theologen reden daher vom Geheimnis der Berufung. Tatsächlich wird jeder von uns auf eigene Art erfaßt, gerufen und in die Pflicht genommen. Mit anderen Worten, man fühlt sich angesprochen, bleibt beunruhigt und kommt plötzlich nicht mehr los von der Empfindung und dem Gedanken einer Nachfolge, ähnlich wie die Apostel, die Christus direkt oder indirekt (Saulus/Paulus) ansprach, wobei eine Konkretisierung noch in weiter Ferne stehen mag. Mir schenkte jener Präfekt am Schluß unseres Gesprächs eines seiner Primizbildchen. Es blieb das einzig Greifbare dieser Begegnung, so etwas wie ein Unterpfand. Ich betrachtete es und fand den Text aus Jesaia abgebildet und wiedergegeben: „Herr, hier bin ich, sende mich!"

Das mag kitschig und romantisch klingen. In diesem Augenblick berührte mich diese Szene und Vorstellung aus dem Buch Jesaia mächtig, auch was diesem Text vorausging: „Wer ist würdig? … Ich werde ihn entsühnen." Ich war aufgewühlt, wollte mich zur Ruhe begeben – es war Abend –, doch an Schlaf war nicht zu denken. Ein ganz eigenartiges Gefühl, gefordert und zugleich angenommen, gerufen zu sein, ergriff, erfüllte mich.

Die Abendstimmung wich bald dem Alltag. Und jetzt erst begann der eigentliche Kampf um die Letztentscheidung. Oder anders ausgedrückt: Jetzt war die Nachfolge einzulösen. Dabei kommt etwas Charakteristisches einer jeden Berufung zur Geltung, eben sich geführt zu wissen und – bereit zu sein zu gehorchen.

Es mag vermessen klingen, wenn ich in diesem Zusammenhang auf die Berufungsszene des Saulus/Paulus verweise, Apostelgeschichte Kapitel 9, Vers 1–20. In Verfolgungswahn gegen die Christen war Paulus nach Damaskus unterwegs und wurde plötzlich von dem angesprochen, den er verfolgte, von Jesus: „Saul, Saul, warum verfolgst du mich?" Er war blind und mußte von seinen Begleitern geführt werden. In Damaskus wiederum war Hananias angesprochen worden. Und auf seine Entgegnung: „Herr, ich habe von vielen gehört, wieviel Böses dieser Mann deinen Heiligen in Jerusalem angetan hat", bekommt Hananias zu hören: „Geh nur! Denn dieser Mann ist mein auserwähltes Werkzeug: Er soll meinen Namen vor Völker und Könige und die Söhne Israels tragen." Und Hananias legte Saulus die Hände auf und sagte: „Bruder Saul, der Herr hat mich gesandt, Jesus, der dir auf dem Weg hierher erschienen ist; du sollst wieder sehen und mit dem Heiligen Geist erfüllt werden."

Ich halte diese Geschichte um Paulus nicht nur auf dem Hintergrund ihrer weltgeschichtlichen Bedeutung und Konsequenz für vorbildhaft und typologisch, sondern wegen der Elemente solcher Berufung: Saul wird direkt angesprochen. Immer steht die Persönlichkeit im Vordergrund, was dann später auch in den Weihehandlungen mit der Namensnennung des Weihekandidaten und seiner Antwort

„adsum – da bin ich, ich bin bereit, so wie ich da stehe", zum Ausdruck kommt. Aus einem Verfolger wird ein Nachfolger, ein glühender Anhänger, der Völkerapostel. Die Beauftragung erfolgt, indem Hananias das tut, wozu er angehalten wurde. Die Handauflegung ist ein gutes Zeichen dafür, daß der heilige Geist auf Paulus herabkommt.
Kein Zweifel, man könnte das Phänomen Berufung auch von der Psychiatrie aus interpretieren. Von Person zu Person wird gewiß die Beurteilung unterschiedlich ausfallen, aber je älter ich werde, umso mehr wird mir bewußt, daß man sich schlicht und einfach führen lassen muß, im Bewußtsein und im Vertrauen, geführt zu sein. Eine wunderbare Erfahrung, gegen die man nicht nur Zölibat bzw. Enthaltsamkeit, Verzicht usw. aufrechnen sollte. Es geht vielmehr um ein ganzheitliches Erleben und Erfaßtsein. Und alles, was wir späterhin als Priester tun, muß „zu seinem Gedächtnis", in seinem Auftrag bzw. in Unterordnung erfolgen. Nur auf diese Weise können unsichtbare Wirkungen – selten ist der Wandel so gut nachvollziehbar wie bei Paulus – in Gesten und Worten vermittelt und zu Trägern göttlicher Kraft werden. Dabei gestehe ich gerne ein, daß ich mich fast außerstande sehe, mit meiner Schilderung einem solchen Inhalt auch nur annähernd gerecht werden zu können. Freilich, ich werde getröstet, wenn ich an

Stift Göttweig (N.Ö.): „Jugend musiziert". Im Hintergrund wertvolle Bildnisse des hl. Benedikt.

die vielen Kitschtexte von Liebe und Geliebtwerden oder von Liebe auf den ersten Blick denke, die da gesungen und erzählt werden, ohne je das zu treffen, was in der Einzelerfahrung das Geschenk einer echten Begegnung bedeutet, die zu lebenslanger Partnerschaft führen kann und aus christlicher Sicht das Sakrament besagt und somit zum Unterpfand göttlicher Liebe werden kann.

Alle meine eigenen Kämpfe, mein Zögern, die Unsicherheiten, die vielen Stolpersteine, die sich mir plötzlich in den Weg stellten, manchmal in prächtiger und bildhaft schöner Personifizierung – auch nachdem ich mich für den Klostereintritt und für das Priestertum entschieden hatte –, blieben Episoden und können deshalb übergangen werden. Aber in dieses Stadium ist wohl jeder, ob vor dem Priestertum oder vor der Eheschließung, gleichermaßen geworfen. Im nachhinein kann man alle diese Erlebnisse als sicheres Zeichen für eine gute Berufung und Entscheidung werten. Man darf nur nie das Ziel und den Zusammenhang aus den Augen verlieren, den Ruf und den Rufer überhören und aus dem Herzen verlieren. Heute besteht größtenteils die Gefahr, daß diese Rufe und die Berufung im Lärm verhallen. Natürlich kann man die Berufung auch verspielen, oft auf mutwillige Weise. Zweifellos überfällt vor jeder wichtigen Entscheidung, vor der ewigen Profeß ebenso wie vor dem Diakonat und vor der Priesterweihe, vermutlich einen jeden von uns ein Rest an Ungewißheit oder ein Gefühl der Unsicherheit. Wird meine Berufung stark genug sein, um allen Stürmen des Lebens gewachsen zu sein? Da spielt häufig auch die Überlegung mit hinein, ob mich nicht irgendwann die Sehnsucht nach einem Partner befällt, mit dem ich mein Leben teilen kann, der mich versteht, annimmt und mitträgt. Diese Sorge spricht aus vielen Eltern. Sie raten daher ihren Töchtern oder Söhnen, mit der Durchführung ihres Entschlußes, in ein Kloster einzutreten, möglichst lange zuzuwarten, wobei nicht selten die Überlegung mitschwingt: Vielleicht kommt er noch ab von seinem Entschluß oder trifft auf den oder die Richtige!

Der Klosterkandidat sollte im übrigen für eine Ehe geeignet sein, wurde uns in allen entscheidenden Vorgesprächen gesagt. Dabei sei die Berufung, einem Orden beizutreten keineswegs überschätzt! Schon der heilige Franz von Sales (1567–1622) verglich den Stand der Ehe mit einem strengen Orden, in den man ohne Noviziat, also ohne eingehende Prüfung normalerweise eintritt. Diese Bemerkung würde dieser Heilige, unter dessen Schutz und Patronat Don Bosco (1815–1888) seinen Orden, die „Salesianer" stellte, heute wohl etwas revidieren. Doch im Ernst, der Vorgang einer echten und tiefgreifenden Berufung in einen Orden oder zum Priestertum hat vieles gemeinsam mit dem Kennenlernen zukünftiger Ehepartner. Liebe, vor allem die so viel strapazierte Liebe auf den ersten Blick, wenn sie echt ist, ist Geschenk. Die genauere Analyse eines solchen Geschenks fördert auf jeden Fall zutage, daß eine Verbindung zwischen Mann und Frau, die ausschließlich auf der Basis von Sexus beruht, also sich auf einer rein materialistischen Ebene abspielt, kaum zu sublimieren ist und in schwierigen Lebenslagen kaum Bestand hat. Der Ruf, der an zukünftige Theologen ergeht, vor allem aber die Berufung zum Ordensleben, ist ebenfalls Geschenk, ist Gnade. Glücklich derjenige Berufene, der sich über alle Versuchungen hinweg, und vor denen ist bis an sein Lebensende keiner von uns gefeit, geführt und getragen, ja gedrängt weiß. Nur der kann traumwandlerisch weitergehen und voranschreiten, der sich geführt weiß, aus Gnade! Sie ist Geschenk, wie eine tiefe Liebe zwischen zwei Menschen Geschenk ist, die imstande sind, sich aneinander bis in den Tod zu binden.

Im Gegenzug kann man feststellen (ich interessierte mich dafür und verfolge die Geschicke der Gescheiterten): Wer wirklich einmal berufen und z. B. am Zölibat gescheitert ist, wird – ich kenne kaum ein positives Beispiel – selten zur Gänze und im Letzten in einer ehelichen Verbindung glücklich, ganz abgesehen davon, daß eine solche Bindung oft voreilig eingegangen wurde. Ich rate als Seelsorger jedem, der in einer Ehe oder im Kloster aufgeben mußte: Laß Dir Zeit mit einer neuerlichen Verbindung! Man muß emotionsfrei werden. Dann mag man zusehen, daß einem das Richtige begegnet.
In jeder Entscheidung, vor allem wenn sie Endgültiges beinhaltet, wird immer jener bestimmte Rest Ungewißheit, Unsicherheit bleiben, der nur durch Vertrauen zu überwinden ist. Gottvertrauen braucht jeder von uns, auch ein gewißes Quantum Selbstvertrauen. Wer stets an sich selber zweifelt – vom methodischen Zweifel abgesehen, nämlich sich täglich weiterzubringen, Gewissenserforschung zu betreiben, mit guten Vorsätzen, nicht zu hoch gesteckt, aber dennoch voranzukommen –, ist kein gutes Subjekt für Bindendes. Die Alltagspraxis lehrt es uns. Nicht umsonst fragte einer meiner Vorgänger, der letzte Barockprälat von Geras, Abt Paul III. Gratschmayr (1746– 1780), seine Kandidaten, ob sie sich vorstellen könnten, einmal Abt werden zu können. Antwortete der Betreffende, vielleicht aus falscher Bescheidenheit oder aus welchem Grund auch immer, mit „Nein", dann schloß er ihn mit dem Hinweis vom Noviziat aus: „Ein jeder von uns muß für dieses Amt geeignet sein. Werden kann es nur einer." Das waren noch Zeiten! Gleichgeblieben ist die ernsthafte Frage nach „berufen" oder „nicht berufen". Das Wie einer Berufung zur Nachfolge in einen Orden oder als Priester, Diakon oder nicht geweihter Mitarbeiter ist bei jedem anders, ein höchst persönliches Erlebnis und Ereignis, im Letzten, wie wir hörten, ein Geheimnis. Dabei steht außer Zweifel, daß in der Seele eines jeden von uns eine ungestillte und unstillbare Sehnsucht – ein Heimweh? – bleibt. Und Glück, was ist Glück und wann ist man glücklich? Ich kenne kaum jemanden, der für Dauer das Glück gepachtet hätte. Auch im Kloster gibt es trübe Stunden genug, die durchzustehen nur in der Letztbeziehung zu einem persönlichen Gott gelingt. Gott schauen dürfen, was unseren Zustand im Himmel nach Auskunft der Theologen ausmachen soll, darin werden wir für ewig glücklich sein können. Übrigens, Theologie kann man studieren, zur Mitarbeit in der Sorge für die Mitmenschen muß man sich gedrängt und berufen fühlen. Der nur nach Bezahlung und Stunden Arbeitende, mag er noch so hoch studiert sein, wird die uns aufgetragene und anvertraute Botschaft nicht „rüberbringen". Hier paßt und benutze ich dieses unschöne Modewort.
Es gilt sehr wohl: „Darum prüfe, wer sich ewig bindet", aber man kann den positiven Anzeichen einer Berufung durchaus vertrauen und soll sie in die Tat umsetzen, an einem Ort, wenn es ein altes Stift, eine Abtei ist, oder in einem Orden, der dann eventuell auf ein ganzes Land verteilt wirkt und arbeitet. Unterschiede, über die noch zu reden sein wird. Die Vielfalt der Orden mit je anderen Zielsetzungen und Ordensverfassungen ist ungeahnt groß. Wichtig ist, sich dorthin zu wenden, wo man sich wohl und geborgen fuhlen kann und wo es gelingt, die eigenen Veranlagungen bestmöglich zu verwirklichen. Ich berichte – und deswegen so ausführlich und bewußt ausführlich – aus Erfahrung!

Wer kann in ein Kloster eintreten?

Statistik der katholischen Orden:
Weltweit 1.071.754 Ordensleute,
82,2% Nicht-Priester, 72,5% Frauen

Wer kann nun tatsächlich in einen Orden

Abtei Ettal, Klosterzelle. P. Laurentius, Archivar, Kustos und Religionslehrer am Klostergymnasium, entspannt und informiert sich über das Geschehen „in der Welt“.

eintreten? Was sind die Voraussetzungen, die Kriterien?
Grundsätzlich kann jeder, der katholisch ist, in einen Orden eintreten, soweit er nicht durch ein „impedimentum", durch ein Hindernis, wie etwa einer bestehenden Ehe, einer geschiedenen Ehe, der Zugehörigkeit zu einem anderen Orden oder der Inkardinierung eines Weltpriesters in einer Diözese, ausgeschlossen wird, sollten nicht Gesichtspunkte hinzukommen, die im konkreten Fall geklärt werden können und müssen. Meinem Konvent gehören einige „Konvertiten" an, die mir und uns wertvolle Mitbrüder geworden sind. Darüber hinaus ist unsere Gemeinschaft recht international, im Gegensatz zu Häusern, in denen die Berufungen mehr aus der umliegenden Region stammen.
Doch weiter zu den Kriterien eines Klostereintritts: Der Kanonist Bruno Primetshofer schreibt bei den Grundfragen zu seinem Buch „Ordensrecht" über die „Ortsbestimmung" des Lebens nach den „evangelischen Räten": „Ausgehend von der in der Taufe wurzelnden Berufung zur Heiligkeit wird die Übernahme der evangelischen Räte als ‚geweihtes Leben' bezeichnet, das die in der Taufe schon bewirkte Weihe voller zum Ausdruck bringt." Zwei Absätze weiter werden die theologischen Elemente für dieses Leben der Nachfolge beschrieben. Dieses Leben besteht demnach „in der Ganzhingabe an Gott, in der besonders engen Nachfolge Christi und in der Ausrichtung dieser besonderen Bindung auf die Verherrlichung Gottes, auf die Auferbauung der Kirche und auf das Heil der Welt. Dieses geweihte Leben wird zu einem Zeichen in der Kirche, das die künftige himmlische Herrlichkeit ankündigt."
Das alles mag verwirrend auf einen Leser wirken, der in unserer Welt so ganz und gar nicht zuhause ist. Ich weiß schon, Paragraphen oder philosophisch-theoretische Prinzipienargumentationen holen keinen mehr hinterm Ofen hervor, aber warum nicht die juristisch objektivierte Aussage wenigstens einmal vorlegen, die als die uns verbindende Basis des Zusammenlebens Voraussetzungen für eine „Ordnung" im Sinn Goethes abgibt? „Orden" kommt auch von „ordo – Ordnung". Eine solche Vorleistung böte zumindest die Gewähr dafür, daß Überschreitungen der Grenzen der eigenen Freiheit nicht die Unfreiheit meines Nächsten, einer ganzen Gesellschaft oder gar der nachfolgenden Generationen bedeuten. Ganz abgesehen davon, daß eine sachliche Vorstellung der arteigenen Begrifflichkeit und der durch den Codex Iuris Canonici (CIC = kirchliches Gesetzbuch, im Letztstand von 1983) geregelten Lebensweise in der katholischen Kirche für die nachfolgenden Schilderungen meine Aussagen erleichtern hilft und gewisse Zusammenhänge plausibel macht. Eines steht ohnedies außer Zweifel, am Schluß zählt über allem und vor allem der konkrete Mensch, der ein Programm, welches auch immer, in seiner Person und Persönlichkeit im Leben umsetzt, es vorlebt. Vielleicht scheitern daran so viele Berufungen, die an junge Menschen heute wie eh und je ergehen, weil die Vorbildwirkung der im Stand der Vollkommenheit Lebenden so wenig deckungsgleich ist mit den Vorgaben oder weil Ideal und Wirklichkeit oft so weit auseinanderklaffen. Dabei möchte ich mich sofort hüten, zu verallgemeinern; denn es gibt – und die Statistik ist keine Aussage – sicherlich Ungezählte im Ordensstand, die ihre persönliche und objektive Vollkommenheit nicht nur erreichen, sondern auch Tag für Tag handfest in die Tat umsetzen. Sie stehen nur nicht im Rampenlicht der Öffentlichkeit. Man findet sie nicht „am runden Tisch", sondern bei den Lepra-Kranken, in den Slums, im Kräutergarten oder bei den Schafen im Klostergarten, in Treue und Pflichterfüllung als Lehrer in der Schule, am Krankenbett, als solide Dorfpfarrer, als

Wissenschafter usw. Der Viefalt sind kaum Grenzen gesetzt, weil die Vollkommenheit an den Einzelmenschen gebunden ist und von der Person realisiert wird, keineswegs abstrakt und noch weniger, ich bin versucht zu sagen, in Dosen abgezapft, mit Schlagwörtern, Lehrsätzen oder Parolen gehandelt werden kann. Darin sehe ich das mir so vertraute Wort des hl. Paulus bewahrheitet: „Die Kraft Gottes kommt in der Schwachheit zur Vollendung."

Die Qualität des Menschen ist also eine Voraussetzung, um diese Art der Vollkommenheit – nicht zu verwechseln mit Perfektion im Sinne der Technik! – in diese Welt zu bringen, von der im oben zitierten „Gesetzestext" die Rede war. Versagt diese Grundvoraussetzung oder fehlt diese Menschlichkeit insgesamt, dann wird der Träger einer Weihe und aller dazugehörenden Würden und Auszeichnungen, mögen sie noch so hoch gestellt sein, zur belastenden Karikatur. Mag nun ein solcher Repräsentant des Standes der Vollkommenheit im schönsten Habit auftreten, das frömmste Lächeln aufsetzen, es wird ihm nicht gelingen, solche Defizite zu überdecken, zumindest in ihrer Wirkung nach außen. Im Gegenteil, wir laufen Gefahr, alle jene Vorwürfe, Anschuldigungen und Verwerfungen auf uns zu ziehen, die Christus der Herr den Pharisäern ins Gesicht schleuderte. Ein sehr hoher Anspruch an den Menschen im geistlichen Stand und in den Orden! Verständlich daher, daß in allen Ordensgemeinschaften die jahrhundertealte Erfahrung vorgegeben ist, die Kandidaten gemäß dem jeweiligen „Eigengesetz" nicht nur gut auszuwählen, sondern vor ihrer Aufnahme in die Kommunität auch den „guten und öffentlichen Leumund" als eine selbstverständliche Voraussetzung bestätigen zu lassen. Der zuständige Pfarrer oder der Regens (bei Seminaristen) wird gebeten, ein Empfehlungsschreiben für oder auch gegen das potentielle, zukünftige Mitglied einer klösterlichen Gemeinschaft auszustellen. Ebenso ist auch ein Gesundheitszeugnis beim Ansuchen um die Aufnahme beizubringen.

Zu unserer Zeit begannen wir die klösterliche Laufbahn nach dem Abitur, der Matura, um dann nach Beendigung des Probejahres, dem Noviziat, an den Universitäten weiterstudieren zu können. Diese Bemerkung soll nicht darüber hinwegtäuschen, daß sich jeder und jede – und 72,5 % aller im Kloster oder in Orden bzw. Kongregationen Lebenden sind, nach der letzten Statistik des Jahres 1994, Frauen – auch mit einer abgeschlossenen Berufsausbildung und selbst ohne eine solche dem Ordensleben weihen kann. Das Abitur bzw. die Matura ist nicht die unabdingbare Voraussetzung. Entscheidend allein ist, daß jemand die Berufung zum Ordensleben in sich verspürt. Jeder von uns, so bekannte sich Papst Johannes Paul II. bei der Eröffnung der Bischofssynode „Gottgeweihtes Leben und seine Sendung in Kirche und Welt" zu seiner eigenen Berufung zum Priestertum, muß auf die eine oder andere Weise erfahren haben, daß Christus ihm zu verstehen gibt: „... folge mir nach!"(Mk 10,21). Ohne dieses Erleben oder Sich-Bewußt-Werden des Gerufen-Seins übersteht man nicht einmal das Anfangsstadium im Kloster oder in einem Priesterseminar. Ich wage einen gefährlichen Vergleich: Wer diesen Ruf zur Nachfolge nicht in sich verspürt, wird im Ordens- oder Priesterstand ebensowenig bestehen können wie einer, der von Natur aus gleichgeschlechtlich veranlagt ist und versucht, davon abzulenken, indem er eine Zweck- oder Scheinehe eingeht. Gut, heute stellen sich diese Fragen anders und neu, nicht zuletzt aufgrund der Erkenntnisse einer modernen Psychologie. Ich hoffe dennoch, mit diesem Vergleich verstanden zu werden! Im Priester- und Ordensstand geht es – ich wiederhole mich bereits, aber man kann es nicht oft genug betonen – um eine Wirklichkeit, die kaum rein phänomenologisch,

Prag, Kloster Strahov, berühmt durch seine Bibliothek. Blick in einen „Nebenraum" mit Gerät zum Kompilieren und Abschreiben (mehrere Bücher können so als Vorlage dienen).

also nur äußerlich zu schildern, zu umschreiben und zu charakterisieren ist, denn in ihrem innersten Kern bleibt sie geheimnisvoll und an Dritte kaum vermittelbar. Nehmen wir das einmal zur Kenntnis, ebenso wie die Tatsache, daß die Berufungen zum Ordensleben und somit zur Nachfolge des Herren innerhalb der Kirche lediglich einen Prozentsatz von 0,12 % ausmachen.

Wenn ich schon bei der Statistik bin, dann sei noch hinzugefügt: Unter den 1.071.754 Ordensleuten der katholischen Kirche gibt es 144.770 Ordenspriester, 61.082 Ordensbrüder und 865.902 Ordensschwestern. Das besagt, daß 82,2 % Nicht-Priester sind, rechnet man Frauen und Männer zusammen. Zur Zeit gibt es 2.973 unterschiedliche Kongregationen von Ordensfrauen auf der ganzen Welt, wovon 1.423 päpstlichen Rechts sind – ich komme darauf zu sprechen –, bei den Männern hingegen zählt man 492 unterschiedliche Institute. 250 davon können sich auf päpstliches Recht stützen. Unberücksichtigt sind in dieser Aufstellung die vielen Berufungen, die sich zwar als solche ihren Bischöfen gegenüber deklarieren, etwa Witwen und Witwer, die nach dem Tod des Partners erklärtermaßen ein Leben in bewußter Nachfolge Christi verbringen, die aber in einer solchen Übersicht nicht erfaßt werden können. Ihre Zahl – so melden die römischen Stellen – soll steigend sein, ebenso wie die

der „gemeldeten“ Einsiedler. Vielleicht sollten wir noch hinzufügen, daß zwar die meisten Ordensangehörigen in Europa und in Amerika angesiedelt sind, daß die überwiegende Anzahl der Neuzugänge aber in Mittelamerika, Asien und Südostasien verzeichnet wird. Dabei ergeben sich interessante Varianten, die von großer Dynamik sowie von „katholischer“, also weltweiter Denkungsart der Verantwortlichen zeugen, etwa wenn Benediktinerinnen auf den Philippinen Klöster gründen und von dort aus eine Rückgründung in den alten Kontinent Europa erfolgt.

Was können wir tun, um junge Menschen und Talente zu fördern und sie zu bestärken, in klösterliche Gemeinschaften einzutreten, damit diese Unterstützung erhalten bei ihren diversen Aktivitäten und in den unterschiedlichsten Aufgabengebieten, die zum Großteil im Sozialbereich angesiedelt sind? Wie sehr fehlen heute die geistlichen Schwestern in den Krankenhäusern! Und – zeigt nicht die oben angeführte Statistik, wie sehr die Frauen die Klosterlandschaft ausmachen, ja, dominieren! Das Wort „Emanzipation“ kennt man in den Orden nicht. Es ist dort überflüssig; denn die Gleichwertigkeit und Gleichberechtigung der Frau war wohl nirgendwo so früh und so gründlich angesiedelt wie eben in den Klöstern und in den Orden. Beweise? Da sind die alten Abteien der Benediktinerinnen, denen noch heute Äbtissinnen mit

Prag, Kloster Strahov. Die Prämonstratenser konnten 1989 wieder in ihre Abtei zurückkehren. Im Vordergrund eine Skulptur, an welcher die Art des „Handschriftentransports im Mittelalter“ gezeigt wird.

den Insignien des Bischofsstabes und des Kranzes anstelle der Mitra vorstehen. Im Mittelalter gründete man die Doppelklöster, über die viel Geheimnisvolles vermutet wird. Aber schicken wir doch wenigstens für kurze Zeit unsere schlechte Phantasie auf Urlaub, die uns immer auf Abwege zu bringen droht, wenn es sich um zwischenmenschliche Bezüge handelt. Gab es nicht wunderbare, geistige und geistliche Freundschaften, wie jene zwischen St. Bonifaz, dem Apostel der Deutschen und der heiligen Lioba? Oder denken wir an Aurelius Augustinus und seine „Lebensgefährtin“ Melania, an Hieronymus und die heilige Paula oder an Franz von Sales und Franziska von Chantal und im 20. Jahrhundert an Pierre Theilhard de Chardin und Rhoda de Terra. Mir selbst gefällt ganz besonders die heilige Theresa von Avila und das, was über sie und Pater Gracián und Johannes vom Kreuz überliefert ist. Wie schön waren die Beziehungen dieser Menschen, deren Heiligkeit über alle Verdächtigungen erhaben ist. Trotzdem, es gilt das Dichterwort: „Es liebt die Welt das Strahlende zu schwärzen und das Erhabene in den Staub zu ziehen.“ Abstrahieren wir einmal, akzeptieren wir, daß es zwischenmenschliche Beziehungen gibt, die auf Gott und auf eine jenseitige Welt ausgerichtet sein können! Und wenn es dafür eines weiteren Beweises bedarf, daß in der Kirche der Frau schon immer, wenigstens innerhalb der Welt der Orden, eine gleichrangige Stellung den Männern gegenüber zukam – ich denke jetzt an Benedikt und Scholastika –, dann sei erzählt, daß es für solche Doppelklöster ordenseigene Verfassungen gab, die vorsahen, daß die Äbtissin auch über das dazugehörige Männerkloster die Oberhand hatte. Die Männer waren gewiß im Spirituellen, als Priester, tonangebend, aber „in temporalibus – in allen wirtschaftlichen Belangen und sonstigen Entscheidungen“ lag das Kommando bei der Äbtissin. Im Männerkonvent gab es keinen Abt, sondern nur einen Prior. Bis 1803 existierte ein solcher Doppelkonvent der Birgittinnen im schönen Altomünster. Das barocke Kirchenjuwel ist für diese Konstellation förmlich konstruiert: In der Höhe, zwischen Kuppel- und Altarraum, befindet sich der Nonnenchor. Hinter dem Hochaltar standen einstens die Patres und begannen mit ihrem Chorgesang oder Gebet erst, wenn die Frauen damit zu Ende gekommen waren. Der direkte „Blickkontakt“ war praktisch nicht möglich, höchstens der Abt konnte zum Chor der Frauen emporschauen. Ich selbst vergesse für mein Leben nicht, wie wir auf einem Schülerausflug die Kirche von Altomünster besichtigten und wie aus weiter, fast überirdischer Ferne der Gesang der Nonnen zu hören war. Das Männerkloster fiel der Säkularisation zum Opfer, den Frauen verbot man die Zulassung neuer Kandidatinnen. Letztere haben überlebt. Gott schenke ihnen weiterhin Verstärkung, auch wenn uns Männern nicht mehr die Chance gegeben ist, einer Äbtissin zu gehorchen! Würden wir es wirklich akzeptieren?

Solche Berichte sollten eigentlich zeitgerecht wirken. Dennoch gehen nur wenige Menschen in die Klöster. Können wir etwas dafür tun? Wir alle können zusammenhelfen, damit in unser aller Interesse – ein bißchen sogar aus Eigennutz – wieder ein Klima der Bereitschaft zum Dienen entstehen kann. Dieses Ideal, einstens auch für Ärzte eine Maxime – ich hatte und habe noch Freunde, die ihren Beruf als Berufung so verstehen und nicht nur den Krankenschein sehen –, möge weiterhin gelten: „In serviendo consumor – im Dienen verzehre, verbrauche ich mich.“ Das heißt aber gleichzeitig: Ich finde Erfüllung und „Selbstverwirklichung“. Die Berufung zur Nachfolge – und darum zu beten, mag Einladung sein – ist Gnade und muß geschenkt werden! Ich kann aus meiner eigenen Erfahrung nur hinzufügen: Wenn Nachfolge,

dann auch Erfüllung. Der Verzicht steht in keinem Verhältnis zu dem, was einem geschenkt wird. Anders besehen: Einordnen, Leben aus dem Glauben, bewirkt Größenordnung, erzeugt Perspektiven. Diese brauchen und suchen wir alle, am meisten unsere Jugend. Daß andererseits vieles nicht als Verzicht empfunden wird, was man gar nicht kennt, steht ebenfalls außer Zweifel. So relativiert sich manches.

Eines kann ich aus meinem Umgang und meinen persönlichen Erfahrungen mit Überzeugung vorbringen: Die alten Stifte und Klöster, nicht minder die Orden und Kongregationen stellen noch immer, ja heute ganz besonders eine Plattform ungeahnter Möglichkeiten dar. Wer immer bereit ist, seine Talente einzubringen, für den gilt, was ein Mitbruder aus einem unserer Nachbarstifte auf die Formel brachte: „Zukunft aus dem Erbe" (A. Redtenbacher). Wir können unsere Zukunft ungeahnt neu gestalten, wenn wir nur unsere Vergangenheit nicht verdrängen, sondern sie integrieren und ganzheitlich, auch „sub specie aeternitatis – unter dem Gesichtspunkt der Ewigkeit und der Berufung dazu" betrachten. Mein Wahlspruch als Abt mag eine Kompromißformel darstellen: „Nova et Vetera – Neues und Altes." Beides zu verbinden und dies nach der hl. Schrift, „wie ein guter Hausvater", darin erblicke ich meine Aufgabe und Sinnerfüllung zu Gunsten meiner Mitbrüder und Mitmenschen.

Der Bibliothekssaal im Kloster Nová Říše (Neureisch) in Tschechien. Während die Kommunisten das gesamte übrige Kloster ausplünderten, blieb die Bibliothek unberührt und kann heute neben dem Museum mit Exponaten über die Komponisten Paul und Anton Vranický (bzw. Wranitzky) besichtigt werden. Beide Brüder sind in Neureisch geboren (1756 bzw. 1761) und erhielten ihren ersten Musikunterricht im Kloster.

Stift Zwettl (N.Ö.), P. Maximilian, der Zellerar bzw. Kämmerer (= Wirtschaftsdirektor), stärkt sich. Im Hintergrund „Lavabo-Wasch- bzw. Brunnenbecken“ im Refektorium (Speisesaal) des Klosters mit dem Stiftswappen (links oben, unter Mitra und Stab) und dem Abtwappen des Erbauers.

DAS „GOTTGEWEIHTE LEBEN" IN KLOSTER, ORDEN UND KONGREGATIONEN

Stellung nach dem Kirchenrecht

Kein Kloster ist vom Himmel gefallen. Auf dem Berg Athos führt wohl eines der großen Klöster seine Entstehung darauf zurück, daß an seinem jetzigen Standort (Ewiron) die heilige Ikone der „Portaitissa-Muttergottes", die in Konstantinopel ins Meer eingetaucht war, auf der Halbinsel des Athos im griechischen Chalkidike ans Land geschwommen kam. Das heißt natürlich noch nicht: „vom Himmel gefallen". Zahlreiche Berichte mit unterschiedlichem historischem Aussagewert verklären nicht selten die Entstehungsgeschichte der Klöster. Je älter und bedeutsamer sie sind, desto geheimnisvoller ihr Ursprung! Freilich keines von ihnen, befände es sich auch als echtes altes Stift in Österreich, in dem Land, von dem Papst Paul VI. meinte, es sei „die Insel der Seligen", lebt auf einer Insel. Ganz im Gegenteil! Man mag uns Klosterleute zwar am Rande der normalen Gesellschaft ansiedeln, wir leben keineswegs gegen oder außerhalb der menschlichen Gesellschaft, sondern als Menschen mitten in ihr und als ihre Glieder, als ihr Teil. Und ich meine, zum Nutzen, zum Heil der menschlichen Gesellschaft, wie es im „Gesetzbuch" hieß. Wiederum entzieht sich mir die Möglichkeit, alle die vielen Frauen und Männer aufzuzählen, denen mancher von uns oft Unvergeßliches zu verdanken hat; denn zahllose Schwestern und Brüder im Ordensstand sind immer und überall bereit, das Äußerste zu schenken, indem sie sich selbst, manchmal sogar unter Opfern, ganz und gar einbringen und zur Verfügung stellen. Solche Haltung ist heute fast unverständlich oder grenzt in den Augen vieler an Dummheit, gilt doch die Parole: „Was bringt mir das, was verdiene ich?" In Gesprächen mit zukünftigen Mitarbeitern kann man häufig hören: „Das muß ich verdienen, ich brauche es." Nicht die Frage, was mein Einsatz, meine Leistung oder meine Mitarbeit wert ist bzw. was der Betrieb leisten kann, nein, im Vordergrund steht die Erfüllung der eigenen Wünsche und Vorstellungen. Hans Küng schreibt nicht zu Unrecht: „Von der Arbeitsgesellschaft zur Erlebnisgesellschaft."

Im schroffen Gegensatz dazu steht das hohe Arbeitsethos in den Klöstern. Arbeit bedeutet nicht primär Lebensunterhalt, schöne Wohnung, nobles Auto, schlicht Reichtum oder „Erlebnisorientierung" wie Urlaub, Reisen (oft mit „Freizeitstreß und Lebensfrust" verbunden), nein, im Kloster heißt Arbeit Verherrlichung des Schöpfers und persönliche Vervollkommnung. Nicht einmal der Aspekt des Grundrechtes jeder Person auf Arbeit steht im Vordergrund. Dennoch ist nirgendwo sonst als in den Klöstern die Realisierung der Arbeit so sehr gegeben, ja überhöht. Solche Zielsetzungen sind allein schon aus den unterschiedlichen „Logos" der einzelnen Orden abzuleiten: Während unser Orden (O. Praem.) dem Motto „ad omne opus bonum paratus – zu jedem guten Werk bereit" dient, werden die Söhne des hl. Benedikt durch die Aufforderung, die in Abkürzung häufig in Büchern, an gut sichtbaren Stellen in Kirchen und vor allem in barocken Prunkräumen angebracht ist „U.I.O.G.D. = ut in omnibus glorificetur deus – damit in allem Gott verherrlicht werde" motiviert. Das besser bekannte

Zisterzienserstift Lilienfeld (N.Ö.), Mönche beim Chorgebet. Der hl. Benedikt schreibt in seiner Regel (Kap. 19,7), die auch für die Zisterzienser Leitlinie ist: „… et sic stemus ad psallendum, ut mens nostra concordet voci nostrae – und stehen wir so beim Psalmensingen, daß Herz und Stimme in Einklang sind".

„Ora et labora – bete und arbeite" steht nicht in der Regel Benedikts. Wogegen die U.I.O.G.D.-Formel ein Zitat aus dem Kapitel 57 wiedergibt, das überschrieben ist: „Mönche als Handwerker." Abgesehen davon ist zu berücksichtigen, daß für die Beurteilung des benediktinischen Arbeitsethos noch andere Elemente wichtig sind: Zunächst der ausgewogene Wechsel zwischen Gebet, Lesung und Arbeit, wobei diese Ordnung (siehe Kapitel 48) „maßvoll" sein soll, „der Kleinmütigen wegen". Der Abt regle und ordne alles so, „daß es den Brüdern zum Heile dient" (Kapitel 41,5). Wichtig ist sodann der Verzicht auf Eigentum. Auf dieses grundlegende Prinzip unserer klösterlichen Existenz verweise ich immer mit dem Wort: „Das ist meine moralische Kraft." Benedikt dazu im 33. Kapitel „Eigenbesitz des Mönches": „Vor allem dieses Laster muß mit der Wurzel aus dem Kloster ausgerottet werden. Keiner maße sich an, ohne Erlaubnis des Abtes etwas zu geben oder anzunehmen. Keiner habe etwas als Eigentum, überhaupt nichts, kein Buch, keine Schreibtafel, keinen Griffel – gar nichts." Er zitiert dann wie schon vor ihm Augustinus die Apostelgeschichte (4,32): „Alles sei allen gemeinsam." Für die Mönche benediktinischer Prägung, denen in der Regel gesagt wird, sie werden unter dieser Voraussetzung „vere monachi – wahre Mönche sein", bedeutet Arbeit soviel wie Gebet: Sie ist „Werk für Gott – Opus Dei".

Kirchenrechtliche Stellung der Klöster und Orden

In den bisherigen Schilderungen klang wenig Juristisches an. Vielmehr war von den unterschiedlichen und vielfältigen Charismen der Ordensleute die Rede. In der Tat, man wird kaum fertig von den vielen Talenten zu erzählen, von den Frauen und Männern, die nirgendwo sonst zu solcher Entfaltung gelangt wären wie eben in den Klöstern – in überzeugender Gleichberechtigung zwischen Mann und Frau, wie wir sahen. Ich schreibe nicht mehr „Orden", weil dieses Wort im neuen „Ordensrecht" nur mehr durch Konvention vorkommt und lediglich dazu dient, den Titel abzukürzen. Das „dem deutschen Orden entsprechende lateinische Ordo" nämlich, so schreibt der Kirchenrechtsprofessor von Wien, Bruno Primetshofer, selbst ein Ordensmann, scheint „im CIC des Jahres 1983 überhaupt nicht mehr auf". Im „Corpus Iuris Canonici = CIC" werden die uns als landläufig bekannten Orden, Kongregationen und frommen Vereinigungen, also die Ordensinstitute, Säkularinstitute und Gesellschaften des apostolischen Lebens, unter dem Sammelbegriff „Institute des Gott geweihten Lebens und Gesellschaften des apostolischen Lebens" (= CIC 573–746) zusammengefaßt. Weil aber, wie es in der dogmatischen Konstitution „Lumen gentium" des Zweiten Vatikanischen Konzils heißt, die Kirche das Ordensleben in seinen verschiedenen Formen, zu denen es sich im Laufe der Jahrhunderte unter Leitung des Heiligen Geistes entfaltete, immer schätzte, hat sie dieses Leben in den Klöstern und klösterlichen Verbänden „zu einem kirchenrechtlich umschriebenen Stand gemacht, sie hat zahlreiche Ordensfamilien bestätigt und sich ihrer in einer klugen Gesetzgebung angenommen". Es gibt also ein kirchenrechtlich relevantes Netz, einem Korsett vergleichbar, in dem sich die Institute des geweihten Lebens und die Gesellschaften des apostolischen Lebens abgesichert fühlen dürfen. Die sogenannten „alten Orden" entstanden zwar alle zu einer Zeit, da die Kirche sich erst anschickte, in Analogie und teilweise in Übernahme des römischen Rechts ihr eigenes Recht zu entwickeln, aber sie bestehen eben auch heute noch und unterliegen somit dem derzeit gültigen Recht. Dieses nun besagt: „Institute des geweihten Lebens sind von der zuständigen kirchlichen Autorität kanonisch errichtete Vereinigungen von Katholiken, die sich durch eine im wahren Sinne kirchenamtliche, d.h. von einem kirchlichen Organ in amtlichen Auftrag entgegengenommenen Bindung auf ein Leben nach den drei evangelischen Räten verpflichtet haben und dadurch dem Institut eingegliedert wurden."

Darauf daß sich das Ordensrecht aus der sich anhäufenden Gesetzmäßigkeit der Gewohnheiten („Consuetudo, Consuetudines") im Rahmen der ersten Klöster entwickelte, somit der anwachsenden Tradition zuzuschreiben ist, macht ein weiterer Kirchenrechtsprofessor aufmerksam, Carl Gerold Fürst. Er sieht zwar in den Konstitutionen, Statuten und in den anderen „Ausführungsbestimmungen", die sich in Ergänzung oder zur Interpretation der jeweiligen Mönchsregel entwickelten, eine „Erstarrung der Formen", muß aber schließlich doch eingestehen: „Ohne Ordensrecht also auch kein kommunitäres Leben und auch kein kommunitär vollzogener spiritueller Lebensvollzug." Am Anfang der Klosteridee, oder in dem Augenblick, da sich eine klösterliche Gemeinschaft, ein Orden neu formierte und konstituierte, stand immer eine überragende Persönlichkeit, die ein Programm verwirklichte und durch das Beispiel, nicht selten sogar im Feuereifer eine Gemeinschaft um sich sammelte, die zum Träger einer Idee oder eines Programms zu Gunsten der Armen, zur Hilfe der Kranken, zum Loskauf der Sklaven oder im Dienst der Wissensvermittlung wurde. Mit dem Anwachsen einer Kommunität von Gleichgesinnten setzte dann die Notwendigkeit ein, eine Bewegung in Festlegungen, sei es in einer Klosterregel oder durch eine gewisse Verfassung, sicherzustellen. Nicht vom Reißbrett aus wird somit ein Orden konzipiert, und nie gebiert das Recht mit all seinen Paragraphen das Leben, sondern umgekehrt. Beides gehört dennoch zusammen. In Dokumenten, die mit Ordensgründungen im Mittelalter zu tun hatten, aber auch auf Gemälden und Abbildungen liest und findet man häufig etwa folgenden Vermerk: „Papst Honorius II. bestätigt 1126 den Prämonstratenserorden." Besonders typisch und geradezu auf klassische Weise wird der Orden des hl. Franz von Assisi durch Papst Honorius, am 29. November 1223, kanonisch errichtet. Ein Denkmal in Rom – zwischen der Lateranbasilika und der Kirche Santa Croce steht der heilige Franz, in Erz gegossen, mit erhobenen Armen und bittet um Anerkennung für seinen Orden und seine Bewegung – erinnert an diese Situation. Der Papst nimmt in seine Bulle „Solet annuere" den vollständigen Text der endgültigen Regel in eben dieses sein Bestätigungsschreiben auf und gibt damit dem „geistlichen Dokument" eine rechtliche Absicherung. Die Franziskaner sind mit dieser päpstlichen Bulle anerkannt und unabhängig, d. h. nicht zuletzt frei von den Einflüssen der Bischöfe. Als religiöser Gemeinschaft, als Orden, ist ihnen nun auch eine Verfassung, ein Lebensrecht, gegeben. Auch dieser Aspekt kirchlicher Rechtspraxis ist zu beachten, selbst wenn man manchmal die oft so lästig erscheinende – mit einem Skelett vergleichbare – Entkörperung und Reduktion von charismatischen Bewegungen, in denen das Einwirken des Geistes Gottes spürbar ist, in solcher Kodifizierung dann kaum mehr, zumindest auf den ersten Blick als störend empfindet.

Das heutige Kirchenrecht kennt zwei Gattungen von Orden, Klöstern und Kongregationen: solche päpstlichen Rechts und solche bischöflichen Rechts. Was heißt das? Der Papst oder ein Bischof errichtet ein „Institut des geweihten Lebens" und entläßt es in die Eigengesetzlichkeit. Mit dieser Errichtung erlangt eine solche Institution automatisch Rechtspersönlichkeit und zugleich „den Rang einer öffentlichen juri-

Altomünster, Deutschland, Birgittinnen beim Chorgebet. Der Chorraum für die Schwestern, zu denen bis 1803 ein Männerkonvent gehörte (Chorgestühl hinter dem Hochaltar der berühmten und sehenswerten Kirche, 1763 bis 1773 von Johann Michael Fischer neu erbaut), befindet sich in einem Gewölbe des Kuppelraums der Kirche, unter Klausur. In der Kirche ist jedoch der Gesang der Nonnen während der Tagzeiten des Chorgebets zu hören.

stischen Person“ (Primetshofer). Nach dem bürgerlichen Gesetzbuch kommt in Österreich den klösterlichen Institutionen die Stellung einer „Körperschaft öffentlichen Rechts“ zu. In Deutschland sind die Abteien, Ordensgemeinschaften und Kongregationen meist eingetragene Vereine mit Spendenberechtigung oder Stiftungen. Es gibt auch Konstruktionen, die mehr dem Handelsrecht entsprechen: Gesellschaften mit beschränkter Haftung beispielsweise, Aktiengesellschaften oder offene Handelsgesellschaften. Wenn man bedenkt, welche Größenordnungen manche Klosterbetriebe erreichen – ich denke etwa an Münsterschwarzach oder St Ottilien –, dann sind diese rechtlichen Überlegungen und Voraussetzungen nicht ganz ohne Belang. Von der Tüchtigkeit nämlich und vom Erfolg eines Stammklosters hängt schließlich das Wohl der Missionsstationen in Afrika und Korea ab.

Weitere Unterteilungen im Ordensrecht beziehen sich auf die Mitglieder einer Gemeinschaft des gottgeweihten Lebens, nämlich auf „klerikale“ und „laikale Institute“. Im ersten Fall sieht der Ordensgründer eine Gemeinschaft von Priestern vor, im zweiten Fall ist der Nicht-Geweihte als Mitglied gefragt. Darüber hinaus gibt es Mischformen. Gemäß Kirchenrecht sollen klerikale Institute nur unter der Leitung eines Klerikers stehen, wobei die Entwicklung zeigt, daß Rom flexibler geworden ist. Gerade auf diesem Gebiet hinkt das Recht oft der Entwicklung nach; denn immer wieder fordern veränderte Verhältnisse und Bedürfnisse oder unterschiedliche Charismen von Einzelpersönlichkeiten Neuschöpfungen heraus. Bestehende Ordensgemeinschaften mit zu großer Spezialisierung tun sich da oft schwer. Geht etwa der Schulbetrieb in die öffentliche Hand über oder erreicht ein Aufgabenbereich Größenordnungen, die von einer Gemeinschaft nicht mehr zu bewältigen sind, dann bleiben meist die nötigen Berufungen für den Nachwuchs aus. Die hierbei auftretenden Fragen sind vielfältig und komplex. Man kann sie sicher nicht statistisch lösen und sollte es auch nicht. Ich meine vielmehr, daß man in vielen dieser Entwicklungen durchaus das Einwirken des Geistes Gottes erblicken darf. Unter Umständen sind einmal gestellte Anforderungen erloschen oder überholt. Oft verlagern sich die Schwerpunkte. Es mag auch durchaus sein, daß Gott die Kirchengeschichte woanders und mit anderen Menschen und Formen weiterschreibt, vielleicht gerade dort, wo diese Geschichte weniger in gewisse Furten und Engpässe menschlichen Denkens, Mitwirkens oder gar Bestimmens gepreßt werden müßte, weil sie weniger auf konkrete Persönlichkeiten, auf Macht und überholte Strukturen Rücksicht zu nehmen hätte oder an eine Geschichte gebunden wäre, die sich streckenweise geradezu wie eine Chronique Scandaleuse lesen läßt.

Halten wir dennoch fest: Die kirchliche Gesetzgebung für die Institute des Gott geweihten Lebens, kurz das Ordensrecht, schränkt die weiterhin dynamische Ausformung der Idee „Kloster“ keineswegs ein, im Gegenteil, sie begründet und gewährleistet die Autonomie dieser Vereinigungen, gleichgültig welcher Einstufung sie jeweils unterliegen. Im Kanon 586, 1 des kirchlichen Gesetzbuches, dem CIC, ist sogar die Rede von einer „iusta autonomia – einer gebührenden Selbstständigkeit“, die den klösterlichen Gemeinschaften ihre eigene Ordnung zusichert. Wenn ich jetzt noch hinzufüge, daß es für die Durchführung und alle Zuständigkeiten, die aus dem Ordensrecht erwachsen, in Rom eine eigene Behörde, die Religiosenkongregation gibt, denn schließlich schulden die Mitglieder aller dieser Institute dem Papst als ihrem höchsten Oberen schon aufgrund ihrer Gelübde Gehorsam (siehe Kanon 590, 2), dann fühle ich förmlich das Unbehagen vieler Zeitgenossen, die doch letztlich in uns allen eine geheime Armee des Papstes vermuten. Mitnichten! Die Orden, vor allem die alten Orden, die Benediktiner, die Zisterzienser, die Augustiner und Prämonstratenser Chorherren u. a. zeichnen sich von Anfang an, dank ihrer Anerkennung durch die Päpste, durch eine verhältnismäßig große Unabhängigkeit und noch mehr durch ihre Selbständigkeit aus. Das Ordensrecht wurde, wie bekannt, erst später nachgereicht, es zieht aber das überkommene Gewohnheitsrecht, das schon mit der Rechtspraxis des alten Rom in Verbindung gebracht werden kann, nicht in Zweifel. Noch viel weniger könnte etwa die Autonomie und Autarkie in den Besitzverhältnissen der Klöster verändert oder mißachtet werden. Womit wir zu den weitreichenden Auswirkungen und zur Konkretisierung des Ordensrechts in unseren Tagen kommen.

Exemtion, Amtsvollmacht der Ordensoberen und Ordenskapiteln

Im Stiftsarchiv von Melk bekam ich bei meinen Forschungsarbeiten über die „Melker Reform" auch die Exemtionsurkunde zu Gesicht. In großen Lettern heißt es dort: „... monasterium Mellicense sanctae Romanae sedi immediate subjectum – Kloster Melk dem heiligen, Römischen Stuhl unmittelbar unterstellt, unterworfen." Im Mittelalter bedurfte es eines gesonderten Privilegs, um die Autonomie einer Abtei, vor allem den Bischöfen gegenüber, festzuhalten. Diese Exemtion (ältere Schreibweise auch Exemption, leitet sich vom lateinischen „eximere, emi, emptus – heraus-, wegnehmen, ausnehmen, befreien, entheben" ab) kommt heute von Rechts wegen praktisch allen Orden päpstlichen Rechts zu, nicht mehr nur jenen, die es kraft besonderer Verleihung innehaben. Somit werden die Klöster oder Orden der „Leitung der Ortsordinarien", also den jeweiligen Diözesanbischöfen entzogen. Gleichzeitig ist für diese Institute des Gott geweihten Lebens ihr Eigenrecht bindend, das allerdings von Rom bestätigt wird. Ich konkretisiere am eigenen Beispiel:
Während bis jetzt die Bischöfe immer noch von Rom eingesetzt werden, bin ich als Abt von meinen stimmberechtigten Mitbrüdern, d. h. von jenen Mitbrüdern gewählt worden, die zum Zeitpunkt der Wahl die feierliche Profeß abgelegt hatten und damit aktives und passives Stimmrecht besaßen. Den Vorsitz führte unser Generalabt, der wiederum vom Generalkapitel unseres Ordens, das alle sechs Jahre tagt, gewählt worden war. Von der Durchführung der Abtswahl und ihrem Resultat wurde der zuständige Bischof lediglich informiert, ebenso wie die politische Obrigkeit, die Presse und alle Häuser unseres Ordens. Mit anderen Worten: Dank unserer von Rom anerkannten Eigenverfassung, die seit Bestehen unseres Ordens Gültigkeit besitzt und immer den neuen Gegebenheiten angeglichen wird, können wir beispielsweise als alte Abtei bei einem Wahlvorgang folgende Fragen stellen:
1. Wollen wir einen Abt oder als alte Abtei eventuell nur einen Prior als unseren Oberen wählen? Ein solcher, mit allen Regierungsvollmachten ausgestatteter Prior wird ein „Prior de regimine – ein regierender Prior" genannt. Der Prior stellt in den Orden mit monastischer Verfassung (O.S.B, O.Cist., O.Praem.) den zweiten Mann im Konvent dar, also den Stellvertreter des Abtes und Vertreter der Brüderschaft, des Konvents. Ich werde später noch einmal darauf zurückkommen. Mit einer solchen Wahl erspart man sich unter Umständen einen Oberen, der das Recht der Pontifikalien hat, d. h. mit Stab und Mitra, einem Bischof gleich, pontifizieren und feierliche Gottesdienste halten darf.
2. Wählen wir unseren Oberen auf Zeit oder auf Lebenszeit? Oft wird, sollte auf Lebenszeit gewählt werden, eine Klausel

Benediktinerinnen-Abtei St. Erentraud in Kellenried, Deutschland. Die Organistin.

eingefügt: bis zum 70. Lebensjahr. Normalerweise bietet ein auf Lebenszeit gewählter Oberer mit 75 Jahren seinen Rücktritt an. Ein Rücktritt wiederum kann freiwillig oder weniger freiwillig jederzeit erfolgen, etwa auf Grund von Beschwerden der Mitbrüder, die über eine Visitation zu behandeln sind, oder auch unabhängig von einer „Zielvorgabe".
Freilich – und diesem Umstand ist ein Denkmal zu setzen –, es gibt auch Prälaten auf Lebenszeit – über diesen „Sammelbegriff" ebenfalls später! –, die in ihrem Alter und in der Dauer ihres segensreichen Wirkens Rekorde aufstellen. Bei einer 800jährigen Stiftsüberlieferung mag die Aussicht auf ein 40jähriges Abtjubiläum und darin der Erste zu sein oder gar der Einzige zu bleiben, einen besonderen Anreiz bieten, durchzuhalten und durchzustehen. Ich für meine Person, obwohl ebenfalls auf Lebenszeit gewählt, werde das, sollten mir nur annähernd solche Gesundheit und Alter beschieden sein, meinen Mitbrüdern nicht zumuten. Denn was bringt es? In einem Buch der Rekorde oder im Pontificio Annuario, dem päpstlichen Jahrbuch, erwähnt zu werden, zählt für mich jedenfalls weniger als ins Buch der Ewigkeit einzugehen. Wobei ich natürlich überzeugt bin, daß ein so alt gedienter Kollege nicht minder beim jüngsten Gericht wird bestehen können, wenn es da heißt: „Liber iste proferetur, in quo totum continentur – dann wird jenes Buch vorgebracht, in dem alles enthalten ist" (Sequenz zu Allerseelen: „Dies irae, dies illa").
So selbstverständlich ist übrigens der Himmel für die Prälaten und Oberen gar nicht, ebenso nicht für Nonnen und Mönche. Nicht umsonst gibt es mittelalterliche Darstellungen von Himmelsleitern, auf denen man gerade die Kleriker besonders oft und leicht und tief herunterfallen sieht. Gar nicht zu reden von jenen großen Fresken der italienischen Renaissance-Maler, die ihren Unmut über Päpste, Bischöfe und alle geistlichen Stände offenbar dadurch befriedigten, daß sie diesen einen entsprechenden Platz in der Hölle zuwiesen. Schade, daß wir dafür nicht mehr im Mittelalter oder keine Maler und Dichter sind, mag nun der eine oder andere denken. Ich selbst werde mir in so munterem Gespräch dennoch dessen bewußt, daß dem Abt in unserer Regel und in jener des hl. Benedikt gesagt wird, er werde am Jüngsten Tag über seine Verwaltung und über alle seine Mitbrüder Rechenschaft ablegen müssen. Wie schwierig dies geworden ist, vor allem in einer Zeit, die jede Autorität als freiheitsgefährdend erachtet, läßt sich aus der „Regel für einen neuen Bruder" der „Kommunität von Brakkenstein" ablesen: „Deine Gemeinschaft ist nicht gebunden an Alter oder Zahl. Das einzige, was von Belang ist und was deiner Gemeinschaft zum Segen gereicht, ist einander zu suchen im Geist Jesu Christi. Von Ihm allein kommt Heil." Dann heißt es weiter: „Jeder Leib braucht ein Haupt, jeder Kreis eine Mitte. Nimm freudig den an, der diesen besonderen Dienst leistet. Er braucht mehr als jeder andere deine Hilfe und dein Erbarmen. Sieh in ihm die Gegenwart des Herrn, nicht wegen seiner menschlichen Fähigkeiten oder seiner Führungsqualitäten, sondern wegen seiner besonderen Berufung und Gnade."
Ich verstehe meinen äbtlichen Kollegen, der einem Büchlein den Titel gab: „Der Abt als Mensch." Und ich verstehe auch jenen Abtskollegen, der einmal, in einem Rundfunkinterview gefragt, ob er nicht gelegentlich eine Frau als Lebensgefährtin vermisse, ehrlich zur Antwort gab: „Wenn ich mich nach meinem Tagewerk endlich in die Prälatur zurückziehen kann, dann hätte ich gerne jemanden zum Dialog, zum Gespräch." Nun ließe sich leicht der Psalmist zitieren mit „wirf deine Sorgen auf den Herrn" oder der Feuergeist Paulus mit seinem Wort „meine Gnade genügt dir", und natürlich weiß sich jeder von uns in

der Präsenz Gottes, aber brauchen wir nicht, so heißt es immer, auch einen „Pfarrer" oder einen „Bischof zum Angreifen"? Was verlangen und erwarten wir alles, ohne Rücksicht zu nehmen auf den Träger solcher Würden, der als Einzelperson niemanden zum Angreifen hat, wenngleich er dessen ebenfalls bedürfte, der verletzbar, oft überfordert, abgeschirmt in einer meist kunstvoll ausgestalteten „Dienstwohnung" und eingehüllt in schöne Kleider und in die Abzeichen seines Amtes, etwa Stab und Mitra, redlich bemüht ist, seinem Amt und dessen hohem Anspruch gerecht zu werden? Der Fall des Bischofs Vogel von Basel aktualisiert diese Fragen neuerlich. Sind wir nicht alle auf den Dialog hin angelegt und geschaffen? Und außer Zweifel, dieser ist in uns zweigeschlechtlich eingesenkt bis hin zu Gott. Aber, wer uns nur mit den Augen der Welt betrachtet, der sieht nur eine Ebene, und diese ist die bloß körperhafte. Gerade darin scheitert unsere Zeit aber in ihrem Verständnis von Leben und Beziehung. Ich bin glücklich, daß es große Heilige gibt, die im Dialog standen, auch von Mann zu Frau oder umgekehrt, wie wir sahen. Ich weiß, ich schweife oft ab, aber wie sonst sollte ich einen geringen Einblick in die Bandbreite eines Lebens geben, das sich zwar in diesem Äon, in dieser unserer Welt abspielt und bewegt, gleichzeitig aber in einen anderen hineinragt? Damit sind wir wieder in der geistigen Dimension dieses Kapitels, das so ganz irdisch, bürokratisch und fast schon uncharismatisch klingen mag. Die Ebenen sollen nicht verwechselt werden. Leider geschieht das heute in einer „permissiven Gesellschaft", die Freiheit am besten ohne Bindung und Verantwortung als totale Freizügigkeit verstehen will, so oft. Man nehme es mir nicht übel, wenn ich in solchem Zusammenhang auf das Tagesgeschehen auf dem Balkan eingehe und auf UNO und Nato zeige, die tagen, tagen, beschließen, Sonderbotschafter ausschicken usw., während am Tatort gemordet, zerstört, geplündert und Unschuldigen entsetzliches Leid zugefügt wird. In den Instituten des geweihten Lebens, in den Orden also, gibt es Festlegungen, die von einer Autorität sanktioniert sind, wenngleich dem vorausgeht, daß sie vorher als Eigenrecht auf äußerst demokratische Weise in den zuständigen Gremien entworfen, besprochen, diskutiert wurden bzw. von den dafür Zuständigen oder Gewählten über sie abgestimmt wurde. Nur so kann Ordnung, können Strukturen gewährleistet sein, ergeben sich Zuständigkeiten und nicht bloß Verfahrensspielregeln. Übersehen wir nicht, daß in solchen Rechtsverbindlichkeiten, die im päpstlichen oder bischöflichen Recht gründen, je nach Anerkennung und Zuständigkeit, auch die Sicherheit der Einzelperson abgedeckt ist.
Ich möchte die Konstitutionen oder die Statuten, in denen die Rechtsbasis und das Eigenverständnis einer Kommunität oder eines Ordens festgeschrieben sind, normalerweise für den Zeitraum von einem Generalkapitel bis zum anderen, ich möchte diese Festlegungen wie ein Sicherheitsnetz betrachten. Es kann auch zum Fangnetz werden, da ja die Rechte sowohl für die Kommunität als ganzes und in Bezug zur Gesamtheit eines Ordens als auch für die Einzelperson fixiert sind. Unter diesem Gesichtspunkt kommt der feierlichen Profeß – siehe unten –, durch die sich ein junger Mensch einer Gemeinschaft überantwortet und zwar auf Gedeih und Verderb, auf Zeit und Ewigkeit, durchaus der Charakter eines beiderseitigen Vertrages zu.
Autonomie und Exemtion eines Ordensinstituts päpstlichen Rechts gewährleisten somit einerseits das Eigenrecht eines Instituts des geweihten Lebens, andererseits unterstellen sie auch den Angehörigen einer solchen Gemeinschaft oder „Ordens" der Amtsvollmacht des eigenen Oberen.
Konkret und übersetzt auf das Beispiel unseres Ordens und Klosters: Abt und Mit-

Prämonstratenser-Abtei Želiv (Selau, bei Humpolec, Autobahn Iglau-Prag). Der „geist-geistliche Vater" im Beichtgespräch mit einem seiner Brüder.

Santo Domingo, Dominikanische Republik, Konvent Santa Clara. Schwestern im Gespräch und bei der Erholung (Rekreation).

glieder unseres Konvents – wir sind päpstlichen Rechts – unterstehen nicht dem Bischof der jeweiligen Diözese, sondern der frei gewählte Abt dieser Kommunität wird von seinem Generalabt bestätigt und ist dann auf die Dauer seiner Amtszeit der für seine Mitbrüder zuständige Jurisdiktionsträger. Damit obliegt ihm die Leitungsgewalt und Verantwortung für seine Brüder und dies nicht nur im Spirituellen, sondern auch in allen materiellen Belangen. Natürlich gemäß dem Reglement der Eigenverfassung und den Verordnungen, Konstitutionen oder Statuten des jeweiligen Ordens. In dieser Verfassung sind auch die Rechte und Verpflichtungen des einzelnen Mitbruders grundgelegt und gewährleistet. Diese eben geschilderte Autonomie bietet auch den Ansatzpunkt für die Schaffung und Ausgestaltung der Ordensstrukturen und der Verbände von Kloster zu Kloster innerhalb dieser Institute des geweihten Lebens, auf die später noch einzugehen sein wird. Im Rahmen der Ordensstrukturen stehen dem Mönch, der Nonne und dem Chorherren weitere Kompetenzen über den eigenen Oberen hinaus zur Verfügung, vor allem auch der Instanzenzug der Revision, ganz abgesehen von den demokratischen Einrichtungen innerhalb der eigenen Kommunität wie Kapitel (= die beschlußfähige Versammlung aller ewigen Professen) und Consilium bzw. Abtsrat oder Seniorenrat (vergleichbar dem Vorstand einer Gesellschaft des öffentlichen Rechts mit einem engen Beraterstab für den Abt, die Äbtissin, der sich aus vom Abt bestellten und vom Konvent gewählten Mitgliedern zusammensetzt). Ich nehme noch einmal dazu Stellung.

Klösterliche Spiritualität und Eingliederung

Jetzt ist es Zeit festzustellen, daß alle diese nüchternen, nach Paragraphen riechenden Festlegungen neben ihrer Rückführung auf die von Christus seiner Kirche übergebenen Vollmachten – die Juristen sprechen von „göttlichem Recht" – einzig und allein dazu dienen abzusichern, daß …

der Mensch im Mittelpunkt steht

Dazu ein kurzer Blick in die Entstehungsgeschichte: Wir in den Klöstern vertreten die Überlieferungen der ältesten Formen von Demokratie; denn schon früh und seither immer wurden die Äbte und Oberen gewählt, wobei es unterschiedliche Wahlordnungen gab. Dafür stehen genügend Belege aus den mittelalterlichen Bibliotheken und den entsprechenden Veröffentlichungen zur Verfügung. Aber darum geht es mir augenblicklich gar nicht. Viel wichtiger scheint mir die in solchen Wahlen zum Ausdruck kommende Grundidee, der Geist, der davor, nicht nur dahinter steht: Zunächst konstituierten sich Klostergemeinschaften, wie ich es ausführlicher im Buch „Klösterreich" schilderte, dort, wo einem Mönch, einem „pater spiritualis – einem geist-geistlichen Vater" Söhne zuwuchsen, auf Grund seines vorbildlichen Lebenswandels. Es ergab sich so gewissermaßen ganz natürlich ein Vater-Sohn-Verhältnis. Die Freiheit der Wahl bestand zunächst in der Nachfolge des einzelnen. Oder anders: Zuerst gab es den Vater, den Abt, dann den Mönch bzw. zuerst die Äbtissin, dann die Nonne. Vergessen wir nicht, daß es sich bei den Frauen genauso verhielt. Neben einem hl. Benedikt steht seine Schwester Scholastika. Wenn wir den benediktinischen Überlieferungen glauben dürfen – welche klösterliche Gemeinschaft pflegte nicht mit einem gewissen Stolz die eigene Ehre und den Ruhm ihrer Überlieferung? Gelegentlich, zumindest im Mittelalter wurde dabei recht kräftig überzeichnet –, dann entwickelten sich die Frauenklöster parallel zu jenen der Männer.

Rußisch-orthodoxe Nonne im Gebet (Maria-Magdalena-Kirche in Jerusalem).

Existierte nun einmal eine solche Gemeinschaft und starb der Begründer, der Abbas, blieben seine Söhne übrig und wurden zu Waisen. Die demokratischen Methoden einer Wahl wurden nun gleichsam als Mittel zum Zweck benutzt, um wieder das Verhältnis Vater-Sohn herstellen zu können, das ein geistliches ist. Wir sind also Demokraten in der Benutzung einer demokratischen Wahlordnung, um einen Oberen unter Mitwirkung des Heiligen Geistes erwählen zu können. Ein Kloster ist aber keineswegs mit einer Demokratie im heutigen Sinne des Verständnisses zu verwechseln. Denn der durch einen Wahlvorgang „in Gottesfurcht" Ermittelte und Erwählte wird zum Geistträger oder zum Zeugen

Rußisch-orthodoxe Nonnen und Mönche gemeinsam bei Tisch im Ölberg-Kloster in Jerusalem.

der Auferstehung, wie es in der Apostelgeschichte bei der Wahl um die Nachfolge des Verräters Judas heißt, und tritt in die Fußstapfen des „pater spiritualis". Seine Autorität ist eine, die nicht vom Volk, sondern vom Geist Gottes kommt. Er ist „von Gottes Gnaden".Daher lautet der Text in der Regel Benedikts im 64. Kapitel: „Einsetzung und Dienst des Abtes": „Bei der Einsetzung eines Abtes soll man stets so verfahren: Es werde der bestellt, den die ganze Gemeinschaft einmütig in Gottesfurcht gewählt hat oder ein noch so kleiner Teil besserer Einsicht. Entscheidend für die Wahl und Einsetzung seien Bewährung im Leben und Weisheit in der Lehre, mag einer in der Rangordnung der Gemeinschaft auch der Letzte sein."
An dieser Stelle könnten noch viele, in der Regel Benedikts oder seinen Quellen überlieferte demokratische Verhaltensweisen angeführt werden, etwa die Regel (Kap. 3), daß der Abt den Rat der Brüder einholen solle, auch den der Jüngeren, „weil der Herr oft einem Jüngeren offenbart, was das Bessere ist". Zugleich bleibt freilich die theologische, die spirituelle Dimension in allen diesen Texten vorherrschend. Und dies, obgleich schon aus der Regel Benedikts ablesbar ist, daß jedem Ideal leider auch die Möglichkeit zur Unvollkommenheit seiner Verwirklichung eigen ist (siehe Regel 4,3 ff. Entsprechend dieser Stelle kann im Falle eines Mißbrauchs solchen

Orthodoxe Nonnen beim Gebet in der Maria-Magdalena-Kirche in Jerusalem.

Wahlrechts selbst der Bischof zu Hilfe genommen werden, dem sonst, wie gesagt, in der Regel keinerlei Funktion zukommt). Auch heute noch passiert es, daß die Kluft zwischen Ideal und Wirklichkeit in den „Quasi-Confessiones" einer Luise Rinser deutlich wird. Die „Gradwanderung" einer Persönlichkeit erfährt damit Publicity und der Umgang mit „M. A.", aufgelöst „Mein Abt", kann archiviert werden.
Wir wissen, Benedikt bürdet seinem Abt hohe Verantwortung auf, indem er ihm ans Herz legt: „Der eingesetzte Abt bedenke aber stets, welche Bürde er auf sich genommen hat und wem er Rechenschaft über seine Verwaltung ablegen muß. Er wisse, daß er mehr helfen als herrschen soll. Er muß daher das göttliche Gesetz genau kennen, damit er Bescheid weiß und (einen Schatz) hat, aus dem er Neues und Altes hervorholen kann. Er sei selbstlos, nüchtern, barmherzig" (Regel 64, 7–9).
Sehr schön steht unter der Überschrift „Zur Freiheit gerufen" in der uns zeitgemäßen Regel für einen neuen Bruder der Kommunität von Brakkenstein: „Weder Gesetze noch Regeln, weder Therapie noch Diskussion können unsere Gemeinschaft in Ordnung bringen und sie fruchtbar machen, wenn der Geist Jesu nicht als Lehrer dabei ist. In der Gemeinschaft wird es jemanden geben, der den Dienst der Autorität ausübt. Seine erste Aufgabe ist, die Einheit unter euch zu fördern und die Ge-

Tischlesung (verstanden als „Recreatio animi als Erholung und Nahrung für die Seele") zum Frühstück. Refektorium bei der Maria-Magdalena-Kirche in Jerusalem.

meinschaft in der Treue zu ihrer Berufung wachsen zu lassen. Seine Autorität baut die Gemeinschaft auf, aber gleichzeitig hat er nur insofern Autorität, als du bereit bist, ihm zu gehorchen. Damit sich die Möglichkeiten eines jeden ganz entfalten können, ist eine flexible und doch klare Struktur nötig, so wird der Raum für das Zusammenleben erhalten. Es gibt keinen Leib ohne die Stütze des Skeletts, keinen Fluß ohne die Dämme und Ufer. Steh mit ganzem Herzen zu den Anordnungen, die erlassen wurden: dann werden andere nie vergebens auf dich zählen und du wirst dein ganzes Vertrauen in andere setzen können."

Nochmals, die Methoden der Wahl mögen demokratisch sein, sie dienen aber ausschließlich dazu, einen Geistträger, ein Werkzeug für den Geist Gottes, zu ermitteln, den Geist, der erst das Leben schafft. Deshalb erhält eine so hohe Verantwortung des Abtes in der Achtung und im Gehorsam seiner Brüder die eigentliche Entsprechung. Und mögen noch so viele gute, in den Jahrhunderten erprobte Spielregeln in der Art der Bestellung eines klösterlichen Oberen liegen, es bleibt das Verhältnis Vater–Sohn bestehen, und dieses ist nur mehr aus der Dimension des Spirituellen zu verstehen und ebenso zu begründen.

Mit anderen Worten – und hier knüpfe ich an die so trockenen, juristischen Ausführungen von oben an – das Recht

Im rußisch-orthodoxen Kloster am Ölberg in Jerusalem.

schützt die Person des Berufenen in einer eigenen Welt, die nur aus der Kraft des Glaubens nachvollzogen werden kann. Es geht letztlich um die Einzelpersönlichkeit, für welche eine Verhältnis Abt/Vater–Sohn grundgelegt wird, heute und früher schon durch demokratische Wahl, in der das Wirken des Heiligen Geistes zum Durchbruch und Vollzug kommt. Auf solche Weise wird das Vater-Sohn-Verhältnis durch eine Wahl und weniger durch die Nachfolge, wie sie am Anfang der Mönchsgeschichte steht, mit dem Ziel, den Sohn, der sich in die Gesellschaft eines solchen geistigen Vaters begibt, zur Vollkommenheit führen. Die Wahl ist ein Instrument, der Inhalt und der Zweck stehen im Vordergrund, um ein geistliches Ziel zu erreichen. Dafür hat der Obere einst vor dem Richterstuhl Gottes Rechenschaft abzulegen. Nicht anders verhält es sich mit dem Ordensrecht, das nur ein Skelett abgibt für eine geistige Dimension und Freiheit.
Um dieses zu veranschaulichen, möchte ich, jenseits aller Paragraphen des CIC und der Konstitutionen der Orden und Kongregationen, anschließend das Bild einer wahrhaft geistlichen Führung und klösterlichen Vaterschaft schildern, das einmal mehr zeigt, daß für alle diese Formen des Eigenlebens eine rechtliche Absicherung vorausgesetzt wird, aber der Geist es ist, der Leben schafft. Vor und von diesem Geist Gottes tragen wir alle und jeder für

sich ein unverwechselbares, eigenständiges, einmaliges Antlitz. Wir gehören, dank der Zugehörigkeit zum „Volk der Erlösten" zu den „Bezeichneten", die unterwegs sind zu einem ewigen Ziel. Es bedarf allerdings der erfahrenen Seelenführung, um ins Himmelreich zu gelangen, und so unterstellen sich die Mönche, bei Verzicht auf Nur-Irdisches, der bewährten Leitung eines Meisters. Wieder zitiere ich die Brakkensteiner: „Mache dich frei von einer Welt, die nur Befriedigung und Besitz sucht, und führe andere, daß sie deine Freiheit mit dir teilen. Widersetze dich allem, was Menschen zu Sklaven macht, politisch, ökonomisch, sozial. Du hast nichts zu verlieren."

Seelenführung auf dem Berg Athos

Zweimal konnte ich den Mönchsberg Athos mit seinen Klöstern und Mönchen besuchen. Einmal – zwölf Jahre sind seither vergangen, und ich höre, daß sich auch dort die Verhältnisse veränderten – hatte ich das Glück, Ostern und insbesondere die Osternacht im Kloster Chilandar mitfeiern zu dürfen. Ich greife eine Situation heraus: Jeden Abend, nach dem Nachtgebet ging der Klostervorsteher, ein ehrwürdiger Greis, in das Seitenschiff der Kirche. Er setzte sich. In gemessener Ruhe nun trat Mönch für Mönch vor ihn hin, kniete nieder und begann mit seinem geistlichen Vater zu reden. Wie ich später erfuhr, gab jeder der Mönche dem Oberen über sein Tagewerk, über sein Tun und Lassen, aber selbst über sein Denken Rechenschaft. Die geistige Wegstrecke eines Tages wurde vom Vater begutachtet. Sie konnte in das Buch des Lebens eingetragen werden, oder der Abt gab Ratschläge, wie dieser Weg am nächsten Tag weiterzugehen war. Ich zeichne gerne dieses Bild, weil sich aus dieser Art der täglichen Seelenführung, die nur zwischen einem Vater und Sohn, die zueinander in einem ganz besonderen, eigengearteten, spirituellen Verhältnis stehen, sich kennen und lieben, mehreres ableiten läßt:
So lebten am Anfang des Mönchtums alle jene, die sich in die Nachfolge Christi und eines „pater spiritualis – eines geist-geistlichen Vaters", in die Schule der Tugend, begaben, um zum himmlischen Vaterland geführt zu werden. Die Vorlage hiefür ist schon in der Apostelgeschichte (Apg 1–7) nachzulesen. Dort scheint freilich die Vater-Sohn-Beziehung nicht so eingeschränkt, sondern auf alle Gruppierungen, die Frauen vor allem eingeschlossen, bezogen, und es kommt recht deutlich zum Vorschein, daß „das Haus als der Ort, wo religiöses Leben sich abspielt und konkret wird, schon in der Antike eine lange, ungebrochene Tradition hat" (H.-J. Klauck). Wieder werden Vorformen übernommen, um die Ereignisse nach dem Tod und der Auferstehung Jesu in pneumatischem, also in einem geistig-geistlichen und charismatischen Sinne in das Hier und Heute zu übertragen. Das Prinzip der Kontinuität, der Wert der Tradition wird deutlich.
Die Institutionalisierung all dieser Vorgänge besonderer Art – ich kann nur skizzieren und bitte um Verständnis – führt später, da der erste Schwung sozusagen fehlte, in das Rechtsverständnis römischer Denkungsart. Und die römisch-katholische Kirche versteht nur, wer bedenkt, daß sie auf dem alten Rom aufbaut und daß nicht zuletzt wir alle insgesamt 2000 Jahre abendländischer Geschichte weder ungeschehen machen können noch wollen. Diese Hypotheken können jedoch wieder vom passiven zum aktiven Kapital umgewandelt werden, wenn wir uns vom Geist Gottes und nicht vom Buchstaben leiten lassen. In der orthodoxen Ostkirche lebt vieles von der ursprünglichen und anfänglichen Überlieferung des Christentums weiter. Wir tun gut daran, uns an diesen Quellen neue Nahrung zu holen. Besser, wir bitten und beten um die Vereinigung,

die uns gegenseitig und für uns alle zur Bereicherung werden kann.
Warum erzähle ich so ausführlich? Ich will auf Wurzeln verweisen, um über die Formen auf den Inhalt zu führen. Beides ist nötig, um zur Freiheit der Kinder Gottes gelangen zu können. Übrigens, diese in den Klöstern des Athos noch übliche abendliche Gewissenserforschung im Dialog Abt–Mönch ist eine Vorstufe zur Ohrenbeichte, wie uns die Sakramentenlehre zeigt. Der Einfluß des Mönchtums seinerseits unterlag im Verlauf der Geschichte unterschiedlichen Einflüssen, stand aber selbst oft Pate bei Entwicklungen, deren herbe Strenge – in der Bußpraxis des Mittelalters – der Gesamtkirche nicht immer zum Nutzen wurde. Gleichzeitig bleibt vieles auch Wegstation, wie der Zusammenhang zwischen Taufe und Profeß gleich zeigen wird.
Eines möchte ich unbedingt feststellen: Alles, was bis jetzt geschildert wurde, kann nie in Masse vollzogen werden, sondern nur in überschaubaren Größenordnungen, eben in der Familie. Und in eine Familie besonderer Art, die klösterliche Gemeinschaft, wird der Mönch, der Chorherr, die Nonne durch Berufung gestellt, in eine Familie, die eine spirituelle Dimension zu verwirklichen trachtet und als Hilfsmittel sich auch der Eigengesetzmäßigkeit und einer Verfassung bedient, wie sie noch heute über Rom anerkannt und getragen wird.

Der hl. Otto von Freising, Sohn des hl. Leopold von Österreich. Ausschnitt Glasfenster im Kreuzgang von Stift Heiligenkreuz.

Mechitharistenkloster Wien, Speisesaal mit Fresko (19. Jh.) von Schnorr von Carolsfeld. Berühmt sind die Mechitharisten in Wien, aber auch jene von Venedig für ihre Druckarbeiten und Bibliotheken. Sie leben nach der Regel des hl. Benedikt, wurden 1701 von M(e)chithar von Sebaste in Stambul gegründet. Bereits 1717 wurde ihr Hauptsitz auf die Insel S. Lazzaro bei Venedig verlegt. Die Mechitharisten widmen sich vor allem der Bildung ihrer armenischen Brüder und Schwestern.

Stift Göttweig (N.Ö.), Einkleidung. Abt Clemens übergibt den Novizen die Regel Benedikts.

DER EINTRITT INS KLOSTER NOVIZIAT, PROFESS

Bevor ich mich dem eigentlichen Werdegang für das Leben eines „Menschen" im Kloster zuwende, der in großen Zügen für alle „Ordenleute" gleich ist, erachte ich es als wichtig, den Bogen der Betrachtung nochmals etwas weiter zu spannen.
Ich sprach schon von dem Geschenk und der Notwendigkeit der Berufungsgnade. Wem sich eine neue Welt durch die Nachfolge und durch den Klostereintritt auftut, der lebt und bemüht sich, aus der Kraft der „neuen Wirklichkeit" in radikaler Nachfolge, alles aufzugeben und so zu leben, daß viele der Zeitgenossen diesen Weg allein in Gedanken nicht nachvollziehen können. Deshalb will ich die spirituelle Seite etwas mehr konkretisieren: In die „neue Wirklichkeit" – ich liebe diesen Ausdruck von Paulus – wird jeder von uns hineingenommen, der getauft ist. Er gehört zum „Volk der Erlösten" und ist unterwegs – deshalb auch der Begriff „die pilgernde Kirche" – zur „Vollendung der Erlösung" in die Ewigkeit, die in der Taufe beginnt und ewig währt. Mit anderen Worten: Der Tod ist nicht Ende, sondern Beginn, das Tor in die Herrlichkeit Gottes. Aus solcher Perspektive ist zu verstehen, daß die Berufung, das „Werk der Erlösung", das Leben im Kloster, auch und vor allem unter dem Zeichen des ewigen Lebens steht. Wir befinden uns bereits im „Reich Gottes". Sich dies immer vor Augen zu führen und dafür vor den Menschen Zeugnis abzulegen ist eine der Aufgaben des Menschen, der Frau wie des Mannes, im Kloster. Ein bewußter Verzicht auf Werte unserer konkreten Welt ist in solchem Kontext nur konsequent. Alles wird bezogen und hineingenommen in die Größenordnung ewiger Herrlichkeit.
Die Theologen bezeichnen die Zeit seit unserer Erlösung als „Äon", was besagt, daß die Endzeit in Christus bereits angebrochen ist. Das „Alte ist vergangen, Neues ist geworden"(2 Kor 5,17). Wir stehen in Erwartung der Wiederkunft des Herrn in der „Parusia". Der erste Mensch auf dem Mond, der Amerikaner Neil Armstrong, schilderte seine Eindrücke so: „Auf dem Mond zu stehen und die Erde zu sehen ist ein phantastisches Erlebnis. Mich hat beeindruckt, wie schön diese Erde ist. Aber auch wie klein. Wie eine winzige Insel in einem unermeßlichen Meer: die einzige Insel, die – soweit wir wissen – für den Menschen bewohnbar ist." Solchen Ausblicken im Zeichen unseres Erlöstseins, die plötzlich alles in ein verändertes Licht tauchen, begegnen wir auch in jedem geistlichen Leben, wenngleich nur einzelne Visionäre sie vor Augen behalten. Die Sehnsucht nach dem neuen Blick sowie die Ahnung für das Unendliche ist in jedem von uns eingesenkt. Oder anders gesagt: Jedem von uns erwächst in bestimmten Stunden das Bewußtsein, „Fragment zu sein". Der Berufene kommt nicht mehr zur Ruhe, bis er jenen Weg findet, auf dem er sich dem wahren Ziel nähert und insofern jetzt schon nahe weiß. Die Wege, auf die jeder geführt wird, der sich nur führen läßt, sind freilich unterschiedlich. Wer getauft ist, dem ist die Perspektive, die mit der Sicht Mond – Erde vergleichbar wäre – alles ist in das Unendliche hinein überhöht –, bereits eigen. Nur bedecken und behindern häufig die auf etwa 8000 Meter über der Erde sich befindlichen Wolken unsere Sicht zum Mond, wenn ich im Bild bleiben darf.

Abgesehen davon sind wir durch die Schwerkraft auf unsere Erde fixiert und raffen uns kaum auf, immer den Blick zum Himmel zu erheben. Bis zur Mitte des 7. Jahrhunderts wurde den Getauften das geheimnisvolle Ausmaß des „Reingewaschen-Seins im Blute des Lammes“, also des Sakraments der Taufe, mit allen Bezügen in das Jenseitige deutlicher vor Augen gestellt als heute. Nicht umsonst wurde die Profeß, d.h. die feierliche Eingliederung eines Mönchs oder einer Nonne in die Klostergemeinschaft, der Taufe gleichgestellt bzw. als zweite Taufe bezeichnet. Der Hintergrund: Ein sehr strenges Sündenverständnis und die Vorstellung, daß das Sakrament der Buße nicht anders als die Taufe nur einmal gespendet werden darf. Fiel jemand in eine schwere Sünde – und als solche galten damals: Abfall vom Glauben, Mord und Ehebruch – und hatte er schon einmal das Sakrament der Buße, die Beichte, empfangen, dann stand für ihn oft nur mehr der Eintritt ins Kloster, die Profeß – der Taufe eben gleichgestellt –, zur Wahl. Ich verkürze natürlich diese Sachverhalte. Gezeigt werden soll lediglich – vielleicht ist das für uns tröstlich –, daß komplizierte Prozesse notwendig sind, um in uns das von Christus erwirkte Heil umzusetzen. Solche Geburtswehen werden immer ein unabdingbarer Bestandteil der Kirche Christi sein. Zwischen Gott und Mensch besteht nämlich nicht allein der Abstand Schöpfer–Geschöpf, sondern ebenso ein solcher unendlicher Ordnungen (wie die Scholastiker sagen), obgleich Christus, der ewige Logos, Mensch, Fleisch geworden ist. Die Sakramentengeschichte wurde durch die Bußpraxis in den Klöstern nicht unwesentlich beeinflußt. Ich erinnere noch einmal an meine Schilderung des Athos-Klosters Chilandar. Vergessen wir schließlich nicht, daß erst Petrus Lombardus (um 1095 bis 1160) definierte, was ein Sakrament ist, und die bis heute gültige Siebenzahl der Sakramente einführte.

Die Urkirche in Jerusalem

Die Unmittelbarkeit der bevorstehenden Wiederkunft unseres Erlösers war für die christliche Urgemeinde in Jerusalem die treibende Kraft ihrer Lebensweise. Unter dem Einfluß des hl. Augustinus wurde sie den klösterlichen Gemeinschaften zum Vorbild. Sie stellt bis heute das Ideal, das Modell für die unmittelbare Nachfolge in der Gemeinschaft, dar. Das Bewußtsein, erlöst zu sein – für die Apostel und Jünger bildete die Auferstehung Jesu den Grund dafür –, fand in den uns bekannten Äußerungsformen seinen Niederschlag: „Sie hielten an der Lehre der Apostel fest und an der Gemeinschaft, am Brechen des Brotes und an den Gebeten“ (Apg 2,42). „Sie verkauften Hab und Gut und gaben davon jedem so viel wie er nötig hatte“ (Apg 2,45). „Die Gemeinde der Gläubigen war ein Herz und eine Seele. Keiner nannte etwas von dem, was er hatte, sein Eigentum, sondern sie hatten alles gemeinsam“ (Apg 2,32). Lukas schildert in den Kapiteln 1–7 der Apostelgeschichte die Entfaltung der Urkirche.

Diese Idealvorstellung von Gemeinschaft und Kirche ist, ich deutete es schon an, der Ausgangspunkt für die klösterlichen Gemeinschaften. Ich verhehle nicht, daß auch mich bei der Lektüre dieser Texte des Neuen Testaments immer wieder eine gewisse Faszination erfaßt, nicht zuletzt deswegen, weil dort alles grundgelegt ist, was wir bis heute noch nicht ausschöpfen konnten – denken wir nur an die Verwirklichung einer „geschwisterlichen“ Kirche. Dort ist nachzulesen, worüber sich gerade in diesen Tagen wieder die unterschiedlichen Meinungen entzünden. Daß die Übernahme des Modells von Jerusalem in den Klosteralltag ein stetiger, dynamischer Prozeß des Weiterformulierens ist, dürfte niemanden verborgen bleiben. Eines freilich wird aus den einschlägigen Kapiteln der Apostelgeschichte auch klar: daß nämlich un-

sere Kirche und die Idee „Kloster“, wenngleich mit graduellen Unterschieden, aus den gleichen Wurzeln schöpfen und leben. Wir haben ein gemeinsames Fundament. Das Kloster steht somit keineswegs außerhalb oder jenseits von Kirche. In den Klöstern sollte vielmehr das Modell der Urkirche ernsthafter verwirklicht und den übrigen Mitchristen vorbildlicher vor Augen geführt werden. Wie die Urkirche von Jerusalem nur aus der Erwartung der unmittelbar bevorstehenden Wiederkunft des Herrn verständlich wird, so hat auch Kloster mit Endzeit zu tun und sollte darauf verweisen.
Während ich in den früheren Kapiteln die Begründung einer klösterlichen Kommunität eher historisch in der Person des Abtes darstellte, zeigen die Schilderungen aus der Apostelgeschichte den zweiten wesentlichen Ansatzpunkt für die Entstehung der ersten Klöster auf. Sie bilden die eigentlichen Grundlagen für jedes Kloster und für Ordensgemeinschaften, wie sie im folgenden beschrieben werden. Die Initiation, d. h. die Umsetzung des zur Nachfolge in ein Kloster Berufenen beginnt mit …

Kandidatur und Noviziat – Einkleidung

Der oder die Eintretende reicht schriftlich beim jeweiligen Oberen, in einem be-

Erzabtei St. Ottilien, Deutschland. Der Novizenmeister (Magister novitiorum) trägt vor. Novizenunterricht. Im Noviziatsjahr werden die Neulinge in die Klosterregel, die Geschichte, die Tradition und Lebensweise, die Observanz der Kommunität oder des Ordens eingeführt. Ein Jahr lang prüfen sie sich und werden sie geprüft, dann verpflichten sie sich auf drei Jahre. Erst nach dieser Zeit der Probe und Ausbildung legen sie dann ihre endgültigen Gelübde, die Profeß ab.

Stift Geras (N.Ö.), Priesterweihe. Bischof Dr. Heinrich Fasching legt Mitbruder Sebastian die Hände auf und weiht ihn zum Priester. Die Chorherren nach der Regel des hl. Augustinus, auch jene des hl. Norbert, die Prämonstratenser, verstehen sich primär als Priestergemeinschaft und Seelsorger. Bei den Mönchen war der Priester anfänglich die Ausnahme.

Prämonstratenserabtei Windberg, Deutschland, Abtweihe. Die Äbte und die Äbtissinnen werden von ihren Kommunitäten gewählt. Die Abtbenediktion erhalten sie meist durch den zuständigen Diözesanbischof.

Zisterzienserinnenkloster Oberschönenfeld, Nonnen beim Chorgebet. Stichkappenfresko im Emporenjoch der Klosterkirche, von Johann Joseph Anton Huber 1769.

stimmten Kloster oder in einer Ordensgemeinschaft, ein Gesuch ein, das zusammen mit den bereits genannten Zeugnissen (Leumund, Empfehlungsschreiben, Gesundheitszeugnis) dem Abtsrat oder einem ähnlichen Beraterstab vorgelegt wird. In diesem Gremium wird über die Aufnahme oder die Verweigerung des Zutritts in die betreffende Gemeinschaft beraten und abgestimmt. Der Abt oder die Äbtissin, ebenso die Oberen in anderen Kongregationen geben bei solchen Abstimmungen den Ausschlag, richten sich aber normalerweise nach dem Votum ihrer „Räte". Nach der positiven Erledigung, bei der in erster Linie die Qualität einer Berufung geprüft und zugleich überlegt wird, ob jemand in die Kommunität paßt, beginnt die Kandidatur im Kloster. Für einige Zeit, die bis zu einem Jahr dauern kann, teilen die jungen Leute bzw. die sogenannten „Spätberufenen", noch in Zivilkleidern, das Leben mit der Gemeinschaft im Kloster. Ist abzusehen, daß der oder die Aufnahmewillige für das Kloster geeignet ist, und besteht weiterhin der ernsthafte Wunsch, ins Kloster einzutreten, wird die Einkleidung anberaumt und beginnt das Noviziat. Es dauert ein bis zwei Jahre.

Bei der Einkleidung wird erneut in Gegenwart aller Schwestern oder Brüder nochmal die Frage gestellt: „Bleibt ihr bei eurem Entschluß, in diese unsere Gemeinschaft aufgenommen zu werden?" Darauf-

hin erfolgt die Aufforderung durch die oder den Oberen – diese Texte unterscheiden sich selbstverständlich von Orden zu Orden: „Zieht aus den alten Menschen der Sünde und zieht an den neuen Menschen, der nach dem Bilde Christi gestaltet ist."
Es ist immer eindrucksvoll, wenn danach junge Leute ihre gewohnten Kleider ablegen, den Klips aus dem Ohr oder einen Ring vom Finger nehmen, um kurz darauf zu hören: „Empfangt das Kleid unseres Ordens" (bei uns wird ein „weiß" eingefügt). Auch an dieser Stelle ließe sich leicht die Verbindung zu den Gedanken über das „Reich Gottes" herstellen, zu den 24 Ältesten der Apokalypse etwa, die ihre Kleider weiß gewaschen haben, doch ich will mich auf die „Substantialia", das Wesentliche, konzentrieren:
Der Neuling, das heißt eigentlich der Novize, ist nun für die Zeit des Noviziats in die Klostergemeinschaft integriert. Er macht den gesamten Tagesrhythmus im Kloster mit. Er erhält eine Zelle, ein Zimmer. Ein Stunden- und Tagesplan legt das Gerüst für seine weitere Ausbildung fest. Er untersteht einem eigenen Novizenmeister, der sich um die Einführung in die Klosterregel, in die Satzungen der Eigenverfassung kümmert, Haus- und Ordensgeschichte vorträgt, den „Juniores" den Umgang mit den liturgischen Büchern, dem Brevier erklärt, während der „Cantor" dafür sorgt, daß auch die Gesänge des

Oberschönenfeld, die Zisterzienserinnen beim Chorgebet. „Dem Gottesdienst soll nichts vorgezogen werden – nihil operi dei praeponatur", Regel Benedikts Kap. 43, 3.

Chorgebets und der Gottesdienste gelernt werden. Grundsätzlich sollen die Novizen mit der Observanz eines Hauses vertraut werden.
Es ist nicht zu übersehen, daß jedes Haus, jede Abtei und jedes Stift – selbst innerhalb ein und desselben Ordens – eine ganz eigene Geschichte hinter sich haben und einer Gruppierung von meist sehr eigenwilligen Menschen gleichkommt, die wiederum geprägt sein kann durch einen Abt oder eine andere kraftvolle Persönlichkeit, aber nicht minder durch die Größe und Schönheit, ja sogar den Reichtum oder die Armut eines Hauses, durch die Landschaft und nicht zuletzt durch die unterschiedlichen und vielfältigen Aufgaben und Herausforderungen. All das besagt der Begriff „Observanz", der die konkrete Lebensform in einem Kloster meint, die aktuell, bei Einhaltung aller objektiven Gestaltungsgrundlagen (Regel, Konstitutionen oder Statuten), praktiziert wird und einen schriftlichen Niederschlag in den „Hausgewohnheiten" (bei uns im „Liber usuum – dem Buch der Bräuche") findet.
Was noch nachzutragen ist: Bei der Einkleidung erhält der junge Mann bzw. die junge Frau einen Ordensnamen, der dem Träger desselben die Möglichkeit bietet, auch darin ein neues Leben zu beginnen. Ich selbst habe bei jeder Einkleidung Wunschvorstellungen, richte mich aber auch nach dem Kandidaten und seinen Überlegungen. Es wäre unsinnig, jemanden einen Namen aufzudrängen, mit dem er sich nicht, zumindest auf Langzeit, identifizieren könnte.
Während der Einführungs- und Probezeit des Noviziats kann sowohl der Novize als auch der Obere der zuständigen Kommunität der „Klosterlaufbahn" an jedem Tag ein Ende setzen. Mit anderen Worten, der Novize kann gehen, wenn er zur Erkenntnis gekommen ist, daß er für diese Lebensform nicht geeignet ist, aber auch der Obere ist verpflichtet und in der Lage, jemanden ohne Rechtsfolgen zu entlassen, der nicht in die Gemeinschaft paßt oder die gewünschten und nötigen Voraussetzungen nicht mitbringt. Ein „falscher Bruder" kann zur Gefahr für die Gemeinschaft werden.
Nach dem positiven Abschluß des Noviziatsjahres – nur in wenigen Klöstern der alten Orden macht die Probezeit zwei Jahre aus, danach studieren die Novizen aber bereits im zweiten Jahr und können dazu das Haus verlassen, was im strengen Noviziat nicht gestattet ist – werden im zuständigen Gremium (Abtsrat usw.) nochmals die Eigenschaften und die Eignung des neuen Mitbruders oder der neuen Mitschwester besprochen. Sucht er erneut um den weiteren Verbleib in der Gemeinschaft schriftlich an, wird abgestimmt und darüber befunden, ob der Novize zur einfachen Profeß, auf eine weitere Zeit der Erprobung von drei Jahren sowie zur weiteren Ausbildung zugelassen wird. Jetzt erst legt der Novize die Gelübde ab und verspricht („Profeß" kommt aus dem Lateinischen „profiteri – versprechen, geloben") Bekehrung seiner Sitten: Armut, Ehelosigkeit und Gehorsam. Diese drei Gelübde werden, als die „tria substantialia", als die drei wesentlichen Säulen des Klosterlebens bezeichnet. Im Mittelalter fügte man die „accidentialia" hinzu, jene Haltungen, die Kardinal Nikolaus Kues, der päpstliche Visitator für die Klöster Germaniens in den Jahren 1451/52, als nicht unmittelbar konstitutiv für das Ordensleben bezeichnete, nämlich „Schweigen, Fasten, Fleischabstinenz, Frömmigkeit im privaten wie im gemeinschaftlichen Gebet". Darüber ließe sich vieles sagen, wenden wir uns aber der Profeß und den Gelübden zu:

Die Gelübde, Ausbildung und Beruf, Profeß, Priesterweihe

Wenn ich diesen Abschnitt, hinter dem man schon im Wort „Gelübde" Altmodi-

Altomünster, der Reisestab der hl. Birgitta.

sches, Weltfremdes und Abwegiges vermuten mag, mit einer Geschichte zum Schmunzeln beginne, dann deshalb, daß wiederum ein vernünftiger Einstieg, ein „Sitz im Leben", möglich ist. Ich war in Rom und erlebte im Vatikan, wie der zuständige Präfekt für die Heiligsprechungen in Anwesenheit „Seiner Heiligkeit, Papst Johannes Paul II." die Namen jener Heilig- und Selig-zu-Sprechenden vorstellte, für welche die entsprechenden Untersuchungen und Prozesse eben abgeschlossen waren. In all der Pracht des päpstlichen Palastes und dem „römischen Zeremoniell" erinnerte ich mich plötzlich – es könnten einem ebenso kräftige Zweifel kommen – der Worte meines Dogmatikprofessors Cypriano Vagaggini: Alle Einbindungen und Darstellungen des Göttlichen in das Menschliche, in unsere Tradition, in unsere Geschichtlichkeit, vor allem in jene des alten Roms, entsprechen der „Lex incarnationis – dem Gesetz der Fleischwerdung", und sie finden nur darin Begründung und Erklärung, daß der Sohn Gottes eben unser Fleisch angenommen hat. Der Wiener Kardinal König meinte dasselbe, wenn er sagte: „Wir können 2000 Jahre abendländische Geschichte nicht abstreifen." In der Tat ist diese Geschichte überall präsent und holt uns immer wieder ein. Keinem Revolutionär ist es bis jetzt gelungen, unsere europäische Identität gänzlich auszulöschen. Dies hat nicht zuletzt auch mit dem Katholisch-sein zu tun. Vor dem Hintergrund Roms müßten sich die Konservativen und die Progressiven von heute begegnen können, wenn sie sich nur darum bemühten, auf das Wesentliche zu achten und nicht in Äußerlichkeiten steckenzubleiben. Deshalb kann uns in der Kirche nur Re-Form, nicht Re-Volution zur E-Volution helfen.

Nun aber zur angekündigten Anekdote: Papst Pius XII. Pacelli war bekanntlich zuerst Nuntius in München und wurde erst danach, in gleicher Funktion, nach Berlin berufen. Der vom Kloster Scheyern für die Münchner Nuntiatur freigestellte Bruder Andreas, ein echter Bayer, mit dem Pacelli versuchte, zu seiner und der übrigen Mitarbeiter Belustigung, den bayerischen Dialekt zu erlernen, sollte mit nach Berlin übersiedeln. Bruder Andreas winkte jedoch ab mit der Bemerkung: „Zu den Preußen gehe ich nicht." Eines Tages nun – es war nach Ostern – erhielt der damalige Abt des Klosters, der spätere Bischof Simon Konrad Landersdorfer (Passau), von Nuntius Pacelli aus Berlin, neben Ostergrüßen, die Frage gestellt: Welche Zustände müssen im Kloster Scheyern herrschen, wenn selbst der so heiligmäßig lebende Bruder Andreas ihm berichte, er habe am Schluß der Konventexerzitien seine „Geliebte" erneuert. Der zwar fromme, aber der Rechtschreibung nicht besonders kundige Bruder (= „Br.", heute meist in der lateinischen Form „Frater – fr. oder Fr." angesprochen) Andreas verwechselte „-ü-" mit „-ie-" und aus „Gelübde" wurde eine „Geliebte". Die Originalbriefe liegen im Klosterarchiv Scheyern.

„Gelübde" kommt von „geloben" und besagt das, was vorhin als „Profeß" bezeichnet wurde. In einer Zeit, in der sich immer weniger Menschen an jemanden oder an etwas binden wollen, muß es schwerfallen, auch nur in Gedanken Bindungen nachzuvollziehen, die mit Verzicht zu tun haben. Leichter mag es sein, diese Gelübde als die „evangelischen Räte" zu verstehen, zu deren Befolgung man unter Einbeziehung des Spielraums der freien Entscheidung berufen wird. Am Ende bleiben jedoch die drei Versprechen von Armut, Gehorsam und Ehelosigkeit, in denen der ehrliche und gute Vorsatz zur dauerhaften und beständigen Bekehrung seinen Niederschlag findet. Diesen Begriffen begegneten wir bereits in den Texten des kirchlichen Ordensrechts unter dem Oberbegriff der „Institute des geweihten Lebens". Ich machte dort darauf aufmerksam, daß eine Profeß

Die Osterkerzen werden verziert.

der verheiratete Diakon möglich, nicht jedoch der verheiratete Priester.
Die „Mönchsweihe", und so wird die Ewige Profeß bezeichnet, wenn sie zugleich als „feierliche" verstanden wird, nämlich in jenen Orden, in denen die drei Gelübde durch die „stabilitas loci – die Stabilität an einem Ort", die Einbindung in eine konkrete Gemeinschaft, in eine ganz bestimmte Kirche, ergänzt werden. Die Gelübde der Armut, der Ehelosigkeit und des Gehorsams, die Befolgung also der „evangelischen Räte", kann ein Bruder oder eine Schwester sowohl im Verband ein und derselben Klosterfamilie (= Gelübde der Stabilität auf eine konkrete Klosterfamilie, die in der Profeßurkunde ebenso wie der bzw. die „gegenzeichnende" Abt oder Äbtissin genannt werden) als auch in einem Orden, der in Kongregationen, in Provinzen usw. aufgeteilt ist, deren einzelnen Häuser lediglich eine abhängige Eigenständigkeit zukommt, verwirklichen. Im letzteren Fall wird nicht nur die Profeß auf den Orden mit seinen nach Provinzen und Provinzialoberen bezogenen Kategorien abgelegt – darin unterscheiden sich vor allem auch die besitzrechtlichen Gegebenheiten, worauf noch einzugehen ist –, sondern zeichnen diese auch für das leibliche Wohl des einzelnen Mitbruders verantwortlich. In diesem Punkt unterscheiden sich die „alten" von den „neueren Orden und Kongregationen".

St. Ottilien, der Schuster.

Bei der Schilderung der feierlichen Profeß in den alten Orden möchte ich noch etwas verweilen. Es muß nämlich auch einmal festgehalten werden, daß es ursprünglich zwei große Richtungen innerhalb dieser alten Orden gab: solche, denen es primär um die Gemeinschaft der Priester ging (der hl. Augustin mit seinen Klosterregeln), und solche, welche die Klöster der Mönche wollten. Wir unterscheiden daher zwischen „Chorherren", wobei in diesem Sammelbegriff auch die „Domherren" bzw. die „Kanoniker" mitklingen, die sich allesamt als „Herren" verstehen und in den romanischen Sprachen ein „Don", „Dom" bzw. „Dominus" vor ihren Namen stehen haben, und zwischen Mönchen, den „Patres" (= „PP.", in der Einzahl „P." für „Pater") und den „Fratres" bzw. „Frater" (= „Fr., fr."). Am Anfang waren die Mönche keine Priester. Diese stellten, wie die Kapitel 60 und 62 der Regel Benedikts beweisen, absolut die Ausnahmen dar. Daher so viele Anweisungen über die Handwerker bzw. über die Arbeit bei Benedikt, die gemeinsam mit dem Gebet der Verherrlichung Gottes dient. Heute gibt es Priester und Ungeweihte in fast allen Klöstern. Bis zum 2. Vatikanischen Konzil und seinen Auswirkungen glichen die Konvente mancher Klöster einer Zweiklassengesellschaft: Da standen oben die „Hochwürden", unten die „Ehrwürden", dazwischen die Novizen und die „einfachen Professen",

welche die Weihen empfangen sollten, die „Kleriker“, und ganz am Ende der Reihe die Novizen und einfachen Professen oder die Brüderkandidaten. Heute, Gott sei Dank, gibt es keine Unterschiede mehr. Selbst die „Brüder“ erhalten durch die ewige Profeß Sitz und Stimme im Kapitel, jenem höchsten Gremium im Kloster, dem – wir werden es gleich sehen – alles gehört und alles untersteht.
Früher kamen meist junge Menschen in die Klöster und baten um Aufnahme. Der oder die „Spätberufene“ bildeten durchaus die Ausnahme. Ihre Ausbildung bekamen und bekommen sie auf Kosten der Gemeinschaft. Die Begabtesten erhalten oft die Erlaubnis, in Rom zu studieren. In den großen Abteien der Benediktiner, wie in St. Ottilien, der Erzabtei des Missionszweigs der benediktinischen Konföderation, in Münsterschwarzach und in Schweikelberg, bestehen Lehrwerkstätten, in denen unterschiedliche Berufe erlernt werden können. Diese Betriebe, oft geradezu Musterbetriebe und für die jeweilige Region bedeutungsvoll, werden häufig von einem erprobten „Frater“, einem Meister in seinem Fach, geleitet. In ihnen erhalten junge Männer, die mit einem Beruf dem klösterlichen Ideal dienen wollen, im Sinne der benediktinischen Tradition des „Ora et labora“ ihre Formung. Neuerdings gibt es sogar die Möglichkeit, mit einer abgeschlossenen Berufsausbildung, nach

Oberschönenfeld, Klosterbäckerei. Sr. Martha und Sr. Gratia bereiten das tägliche Brot nach alten Rezepten so gut zu, daß es zum wertvollen Verkaufsartikel wurde.

einem Jahr der Einführung, das Studium der Theologie zu beginnen und dieses nach etwa fünf Jahren zu absolvieren, womit der Weg zum Priestertum auch ohne Reifeprüfung offensteht.
Heute zeichnet sich die Tendenz ab, daß viele zuerst „in das Leben" gehen, um dann erst „ihre Bekehrung" anzutreten. Dies sei keineswegs mit ironischem Unterton gesagt, sondern mit Hochachtung für jene, die schon im Leben standen, sich zu bewähren hatten und dann erst zur Erkenntnis ihrer Berufung für den Weg in ein Kloster oder einen Orden kamen. Ich denke an einige „Spätberufene" und sehe in ihnen prächtige, tüchtige und redliche Mitbrüder. Ich sprach bewußt von Bekehrung. In der Regel Benedikts werden nämlich die drei Gelübde nicht im Wortlaut, wie sie uns bekannt sind, aufgezählt, sondern in folgender Form (ich zitiere aus Kapitel 58,17): „Bei der Aufnahme verspreche er (= der Neuling), im Oratorium in Gegenwart aller Beständigkeit, klösterlichen Lebenswandel und Gehorsam, vor Gott und seinen Heiligen." Die Übersetzung der in den Regelkodizes unterschiedlich überlieferten Worte „conversio" bzw. „conversatio morum" meint zwar allgemein den Lebenswandel im Kloster, doch dies unter dem besonderen Gesichtspunkt der Bekehrung, der „Rückkehr" zu Gott, von dem wir uns alle entfernt haben (siehe Prolog, Vers 2). Dem liegt zugrunde, daß christliches Leben überhaupt aus der „Metanoia – der Umkehr" besteht. Johannes der Täufer leitete mit dem Metanoia-Ruf die messianische Zeit ein. Jesus selbst, der Messias, fordert: „Kehrt um und glaubt an das Evangelium!" Das ganze Leben einer Schwester oder eines Bruders im Kloster ist so ein Bekehrungsprozeß, der durch die Profeß in ein göttliches Kraft- und Spannungsfeld einbezogen wird und sich in der Umsetzung und getreulichen Befolgung des Versprochenen bewährt und erfüllt. Es gilt auch im Kloster, was Goethe in die Worte faßte: „Wer ewig strebend sich bemüht, den können wir erlösen."
Der Charakter der Bekehrung kommt besonders deutlich in der Profeßformel der Prämonstratenser zum Ausdruck (der Name ist von mir eingesetzt und fiktiv, besser: derzeit im Kloster nicht vorhanden, obwohl gerne die Ordensheiligen als Klosternamen vergeben werden):

Ich, Frater Isfried Wildinger, bringe mich selbst dar und übergebe mich der Kirche von Geras. Ich verspreche Bekehrung meines Lebens und Leben in Gemeinschaft, vor allem in Armut, gottgeweihter Ehelosigkeit und Gehorsam, gemäß dem Evangelium Christi, nach Weisung und Art der Apostel, nach der Regel des hl. Augustinus und den Konstitutionen des Prämonstratenserordens; vor J. A., dem Prälaten dieser Kirche, und vor den Mitbrüdern.

Geras, am Fest des hl. Norbert 1995
… (Unterschriften)

Für Mediaevisten, Fachleute, die sich mit der Erforschung des Mittelalters beschäftigen, möchte ich verraten, daß ich aus solchen Spielereien, nämlich aus den in den Profeßformularen eingesetzten Namen und noch mehr aus den dort notierten Jahreszahlen, wertvolle Hinweise für die Datierung und Zuordnung von Handschriften erhielt.
Abschließend sei in Erinnerung an meine eigene feierliche Profeß (1958) einbekannt, daß mich nur wenige Augenblicke meines Lebens so erfüllt haben, in mir ein so positives, fast schwebendes Gefühl von Freiheit und Geborgenheit, im Bewußtsein der Nähe Gottes, bewirkten, wie die wenigen Stunden unmittelbar nach dieser Feier, die ich, in tiefem Schweigen, mit zugenähter Kapuze und in Kukulle auf meiner Zelle zu verbringen hatte. Dabei wurde zuvor im Gottesdienst über uns, die wir, während Chor und Volk die Allerheiligenlita-

nei sangen, vor dem Hochaltar auf den Boden hingestreckt waren, das Leichentuch – „der Welt gestorben" – gebreitet und im Turm die Totenglocke geläutet. Starke Gesten? Unverständlich? – Welt des Glaubens, der Gnade, Leben aus Berufung und in Nachfolge. Leben im Kloster, Weg ständiger Umkehr; denn „das Reich Gottes ist nahe". – „Wer es fassen kann, der fasse es!"

Dritter Orden, „Sodalen": Verbindung zu einem Kloster in Gebets- und Interessensgemeinschaft für Menschen „in der Welt"

Wer kennt sie nicht, die Herren in den weiten Umhängen, geschmückt mit dem Malteserkreuz? Bei festlichen Anlässen oder zu Fronleichnam schreiten sie auffallend dekorativ einher und stellen unter Beweis, wie sehr es die Kirche versteht, Feiern zu gestalten und auszuschmücken. Nebst den Maltesern gibt es in allen „Ritterorden" Männer und manchmal sogar Frauen, die sich einem geistlichen Orden als „Sodalen" anschließen und die durch eine besondere Kleidung, meist aus der jeweiligen Ordenstracht entwickelt oder dieser angeglichen, bei Gelegenheit nach außen bekunden. Solche Verbindung zu einem Orden gibt es fast in jeder Institution des gottgeweihten Lebens: auch bei uns, wobei aufgrund unserer Ordensverfassung, der Konstitutionen der Prämonstratenser, jeder einzelnen Kommunität anheimgestellt wird, hierfür ein eigenes Statut zu verfassen. Wir unterscheiden dabei zwischen Priestern, die wir zu „Ehrenkanonikern" ernennen oder berufen, und zwischen Männern und Frauen, die einfach die Gebetsgemeinschaft und die Zuwendung zu uns und unseren Aufgaben suchen. Letztere erhalten einen weißen Umhang, der mit Stifts- und Ordenswappen versehen ist, und wir bezeichnen sie als unsere „Familiaren". In diesem Wort klingt durch, was früher in der „Familia abbatis" zum Ausdruck kam. „Familiaren" waren nicht nur die „Bediensteten" für die Hofhaltung etwa eines Prälaten als „geistlichen Grundherrn" oder gar eines „Fürstabtes einer freien Reichsabtei", wie in Schussenried, in Rot an der Rot oder in Ottobeuren, nein, darunter verstand man alle Handwerker, Lehrer, Musiker, Grundschreiber sowie Richter und Buchhalter, die sich in ihrer geistigen und geistlichen Haltung jener Einrichtung anschlosssen, der sie gleichzeitig ihre Tätigkeit widmeten. Der Familiare läßt also die „familia" durchklingen, und eigentlich ist auch heute noch jedes Kloster ein großer Familienbetrieb. Der weitere Fachausdruck „Sodale" stammt vom Lateinischen „sodalis" und besagt „Kamerad, Gefährte, Freund", in späteren Ableitungen auch „Mitglied eines Priesterkollegiums", in der Mehrzahl sogar „Priesterkollegium, Tischgenosse, Zechbruder, Mitglied einer geheimen Gesellschaft". Sodalen gab es früher in Vereinen. Vielleicht klebt deshalb an diesem Wort etwas Süßliches. Ich verstehe darunter das Bedürfnis vieler Menschen, im Kloster eine seelische Heimat zu suchen und dort Wurzel zu schlagen. Wir Klosterleute andererseits benötigen eine solche Art von Verbindung in den Alltag, um nicht zu „abgesetzt" in einem „Wolkenkuckucksheim" zu wandeln.

Die Beziehungsformen der verschiedenen Sodalen zu den Klöstern sind vielfältig. Sie alle aufzuzählen, wäre undenkbar. Wichtig bleibt die Feststellung, daß sie wertvolle Verbindungen schaffen, die für alle Beteiligten auf mehreren Ebenen eine Bereicherung bedeuten können.

Manch einer ist versucht, solche Kontakte von Welt zu Kloster und umgekehrt nur auf materiellem Hintergrund zu sehen. Ich verstehe es ganz und gar anders. Wir benötigen vermehrt eine geistliche und geistige Vernetzung, nach dem Motto: „Der Geist ist, der lebendig macht".

„Mortem cottidie ante oculos suspectam habere – den unberechenbaren Tod täglich vor Augen haben" mahnt der hl. Benedikt (Kap. 4, 47).

Oberschönenfeld, Klosterfriedhof.

INRJ
M. Ascelina
Henn
1880-1953
R·I·P
R·I·P
M. Agnes
Kreß
1897-1963
Annamaria
Behrle
1896-1951
R·I·P
M. Viktoria
Braumüller
1891-1965

St. Ottilien, Speisesaal. In der Mitte der Abt, zu seiner Rechten der Prior, zu seiner Linken der Subprior. Die übrigen Patres und Brüder sind gemäß ihrem Klosteralter gereiht. Die Tischdiener – sie wechseln sich wöchentlich ab – sind mit Schürze bekleidet.

ÄMTER UND STRUKTUREN: ABT ODER ORDENSGENERAL, GENERALKAPITEL UND SUPERIORENKONFERENZ

Unlängst in Rom, anläßlich eines offiziellen Empfangs bei Papst Johannes Paul II., kam ich neben dem Generalabt der Trappisten zu sitzen. Im Gespräch fragte man sich nach der Herkunft, nach der Größe der Klöster sowie nach deren Aufgaben. Es stellte sich heraus, daß dieser Generalabt, in Argentinien geboren, noch mit Thomas Merton, der überragenden Gestalt der Klosterszene der 50er und 60er Jahre in den Vereinigten Staaten von Amerika, in Verbindung stand. Schließlich – und deshalb erzähle ich es – bezifferte er mir die Größe seines Ordens mit 2800 Brüdern und 2000 Schwestern. „Wie," lautete meine Rückfrage, „so stark ist das Verhältnis von Frauen zu Männer in Ihrem Orden?" – „Ja, und wir bilden ein gemeinsames Generalkapitel und dieses seit unserer Gründung. Sie wissen", so der Trappistenabt weiter – eine asketische, im Profil besonders gut gezeichnete Erscheinung, kahl geschoren, ein Mönch aus dem Bilderbuch –, „daß bei den Zisterziensern, deren reformierter Zweig wir sind, ursprünglich Schwesterngemeinschaften nicht zugelassen waren. Später freilich wurden auch Nonnenkonvente toleriert. Bei uns hingegen gehören die Frauen im Orden schon immer gleichberechtigt dazu und bestimmen heute schon fast das Generalkapitel."

Ich beginne diesen Abschnitt nicht unbegründet mit den Trappisten bzw. den Zisterziensern. Von Citeaux – lateinisch „Cistercium" – ging nämlich die noch heute übliche Organisation der Orden aus. Im Kontrast zum mächtigen Cluny mit seinen etwa 2000 Klöstern in ganz Europa, die den „Ordo Cluniacensis" bildeten und in denen alle Mitglieder nicht auf das einzelne Kloster, sondern auf Cluny ihre Profeß ablegten, schufen Robert von Molesme (1027–1111) und seine Gefährten ein völlig neues und bis zu diesem Zeitpunkt unbekanntes Konzept für den Verband von Klöstern untereinander. An der Spitze der weiteren Entwicklung, die von dem viel bekannteren, charismatischen Schön- und Großgeist Bernhard von Clairvaux (1091–1153) bestimmt wurde, stand das „Filiationsprinzip". Das bedeutet: Der Abt jenes Klosters, das ein neues gründet, wird zum „Paterabbas – Vaterabt". Die gerne gebrauchte Anrede „Vater Abt" besagt schon in der Übersetzung des Wortes „Abt" eine Verdoppelung, also „Vater Vater", im Gegensatz zu „Vater Abt", der als Gründerabt einer Neugründung so bezeichnet wird. Das Neukloster ist zum Hauptkloster rückgekoppelt, es steht zu ihm in einem rechtlichen Verhältnis, auch dann, wenn es selbständig, wenngleich nicht unabhängig geworden ist. Citeaux blieb bei all den vielen Neugründungen, die insbesondere unter Bernhard von Clairvaux möglich wurden, das Stamm- und Hauptkloster. Sein Abt erhielt die Stellung eines Generalabtes, und nach Citeaux wurde jährlich das Generalkapitel einberufen. Der Generalabt wurde und wird – diese Verfassung ist bis heute gültig – von einem Beraterstab umgeben, dem „Definitorium". Um die gute Observanz in den Klöstern zu garantieren, bestellte man „Visitatoren", die nach dem Rechten schauten, zugleich aber auch die Anliegen der einzelnen Mitglieder eines Konvents anhörten, um die Besserung „in capite et membris – an Haupt und Gliedern" (= Reformruf auf dem Konzil von Konstanz) vornehmen zu können. Die

Stift Zwettl (N.Ö.), Prälatur. Die Äbte der alten österreichischen Stifte, zu denen einmal eine Grundherrschaft gehörte, werden noch heute „Prälaten" genannt. Die Repräsentationsräume dieser Klöster erinnern an diese vergangenen Zeiten. Im Bild: Abt Paulus. Er war bis zu seiner Abtwahl Inspektor der Religionslehrer, daher zusätzlich der Titel „Hofrat".

Konsequenzen dieses Modells von Citeaux waren unabsehbar. Ich erinnere nur daran, daß bei den Klostergründungen der Zisterzienser das Modell von Citeaux nicht nur in den Büchern tradiert wurde, sondern in der Gesamtanlage der Klostergebäude seinen Niederschlag fand. Auf diese Weise kam ein umfangreicher Kulturaustausch zustande und wurden Romanik und Gotik zur gemeinsamen Zeichensprache des christlichen Europas. Die Funktion des Generalabtes wurde also in Citeaux geschaffen. Heute gibt es zahlreiche Generaläbte und weit mehr Generaloberinnen, die normalerweise in ihrem Generalatshaus, der „Casa Generalizia", in Rom residieren. Ihre Aufgaben gegenüber dem jeweiligen Orden sind gleich geblieben: Gesamtverantwortung, Einberufung des Generalkapitels und Vorsitz bei demselben, Promulgation der neuen Konstitutionen, Bestellung der Visitatoren, Vorsitz bei Abtwahlen, Bestätigung der Neugewählten u. a. Neu hingegen ist die Repräsentationspflicht des Ordens dem Vatikan gegenüber. Was heißt neu? Seit Leo XIII., also auch schon wieder mehr als 100 Jahre alt.

Die Verfassung des Zisterzienserordens wurde in weiterer Folge vielen anderen Orden zum Vorbild, nicht nur den Prämonstratensern, sondern fast allen, die danach entstanden sind. Sie alle sind weniger auf das Einzelkloster hin konzipiert, sie begründen vielmehr jeweils Gemeinschaften, die auf Provinzen und Regionen aufgebaut sind. Die Mitglieder verpflichten sich in der Folge nicht mehr auf ein konkretes Haus innerhalb des Ordens, sondern generell auf den Gesamtorden mit der Zuordnung zu einer, normalerweise nach Sprachgrenzen eingeteilten, Provinz. Sie können daher jederzeit versetzt, d. h. dorthin geschickt werden, wo man ihren Einsatz benötigt oder ihre Talente am besten zur Wirkung kommen können. Hierin zeigt sich der Vorteil, die Schlagkraft dieses anderen Konzepts von Orden. Zugleich verändert sich das Bild des Oberen. Im kleinen Kapuzinerkloster oder bei den Dominikanern in Wien, in Retz oder in Friesach gibt es einen Superior oder P. Prior, der Provinz hingegen steht ein P. Provinzial vor. Sie alle werden nur auf Zeit gewählt und bestimmt (meist auf sechs Jahre). Sie können auch von Haus zu Haus ausgetauscht werden. Dieser große Umbruch setzte mit Franziskus, seiner Armutsbewegung und den Franziskanern ein. An der Spitze der Zisterzienser, der Trappisten, der Prämonstratenser und aller klassischen Orden in der eben geschilderten Form steht jeweils ein Generalabt. Ein Ordensgeneral hingegen lenkt die Geschicke der Jesuiten, gewiß beraten und unterstützt von allen seinen Mitbrüdern. Aufbau und Organisation des größten Männerordens der katholischen Kirche erinnern an das Militär: nicht von ungefähr, ihr Gründer, Ignatius von Loyola (1491–1556), war vor seiner Bekehrung Offizier. Die Benediktiner und die Augustiner Chorherren wiederum sind in einer Konföderation zusammengefaßt, weil sie nicht der Organisationsform eines Ordens entsprechen. Mögen die Benediktiner ihren „Orden" noch so glorifizieren oder auf ihre „Ordens"-Geschichte stolz sein, ihr oberster Repräsentant in Rom, der Abtprimas, ein „primus inter pares – der Erste unter Gleichen", beweist das Gegenteil. Ebenso verhält es sich bei den Augustiner Chorherren. Ich betone diese Unterschiede der Historiker wegen, die solche Zusammenhänge nicht kennen und versucht sind, von dem, was sie in einem Kloster entdecken, automatisch auf alle übrigen zu schließen. Dem ist zumindest bis zur Einführung der Kongregationen (nach dem Konzil von Trient) bei den Benediktinern nicht so. Die Augustiner Chorherren schlossen sich sogar erst in den 50er Jahren unseres Jahrhunderts zur besagten Konföderation mit einem Abtprimas an der Spitze zusammen.

Noch eine weitere, wie ich hoffe, nützliche und informative Einteilung möchte ich geben: Benediktiner, Zisterzienser, Trappisten und Prämonstratenser haben intern die „monastische Verfassung". Das bedeutet: Die Leitung eines Stiftes bzw. einer Abtei erfolgt durch: „Abt – Prior – Subprior" (in älterer Schreibweise, durch Alliteration, auch „Supprior"). Nicht jedes Kloster ist eine Abtei – auch nicht in Orden, in denen dies sonst üblich ist. Es gibt nämlich „abhängige" oder „selbständige Priorate", kleinere Kommunitäten, die entweder zu einer Abtei anwachsen und als solche von dem zuständigen Generalkapitel bestätigt werden müssen oder als Gemeinschaft von einer Abtei abhängig sind und trotz Eigenständigkeit Priorate bleiben. Ihre Vorsteher sind „Prioren", „Prior de regimine – ein regierender Prior" im selbständigen Priorat. Die kanonikale Verfassung kommt den Augustiner Chorherren mit einem „Propst" und „Dekan" an der Spitze zu.

Der Titel „Prälat" hat für einen Abt oder Propst nur in Österreich einen guten Klang. Er erinnert daran, daß Äbte, Pröpste und Prioren (der Kartausen), die einer geistlichen Grundherrschaft vorstanden, Sitz und Stimme im „Prälatenstand" hatten, der seinerseits parallel zum „Fürstenstand" und „Bürgerstand" fungierte. Das waren die Zeiten, da noch der Ring geküßt wurde und die Prälaten mit „Euer Gnaden" untertänigst (vom „Untertan", den Grund-

Chorgebet im Stift Göttweig.

Mitschwestern im Gespräch. Sr. Ruperta und Sr. Hedwig von Kellenried.

Oberschönenfeld, Glockenläuten. In der Regel Benedikts, die Lebensgrundlage auch für die Zisterzienserinnen und Zisterzienser ist, gibt es genaue Angaben, wie die Zeichen zu den Chorzeiten zu geben sind, damit die Brüder „absque mora – ohne Zögern“ (Kap. 22, 6) zum Chorgebet eilen. Hier liegt der Ansatzpunkt zu einer reichhaltigen Entwicklung der unterschiedlichen Instrumente für das Zeichengeben. Die Benediktiner waren im Mittelalter die ersten und besten Glockengießer.

Abtei Oberschönenfeld, Der Nonnenchor. Dieser ist durch einen Lettner vom Kirchenraum abgetrennt, wie früher der Altarraum vom Laienraum. Schmiedeeisernes Gitter mit dem Wappen und den Initialen der Äbtissin M. Viktoria Farget, Jahreszahl 1736.

Kapitelsaal in Oberschönenfeld. Der Name rührt davon her, daß sich in diesem Raum alle Schwestern bzw. Brüder eines Konvents treffen, die als feierliche Professen das Kapitel eines Klosters ausmachen, die Gemeinschaft der Stimmberechtigten. Sie alle zusammen sind die verantwortlichen Träger für den Gesamtbesitz, haben darüber zu befinden und zu beraten, bei persönlicher Armut. Die Äbtissin (Sr. Ancilla) nimmt den Vorsitz ein und wurde in diesem Raum, wie ihre Vorgängerinnen, gewählt. Im Kapitelsaal wurde jeden Tag ein Kapitel aus der Regel gelesen. Ebenso werden täglich die Toten verlesen, deren Todestag trifft. Deshalb im Vordergrund: Das Necrologium, das Totengedenkbuch, in dem alle verstorbenen Mitglieder des Klosters seit Bestehen verzeichnet sind, ebenso die Stifter, Freunde und Wohltäter, deren im Gebet gedacht wird.

Juni
icus v. Augsburg, Margaretha s. Hausfrau u. alle seine
Penzer, Ursula Weinhart, Äbtissin zu Kirchheim, Wil-
Lutzenberger, Vtr. 1648, M. Franziska Schwabaur, M. Felici-
ara Gugler, Schw. 1724, Arsenius Zech, Vtr. 1737, M. Catha-
Vogt, Schw. 1736, Anastasia Gnandt, Schw. 1802, Anna
Mttr. 1805, M. Johanna Nepomukzena Steidle, Jub. no
Franziska Jedelhauser v. Großkötz, Mttr. 1890, Helena Konrad
chtenthal, Mttr. 1928, M. Afra Schmid, no 1945, Bartholo-
ius Seitz v. Fürstenfeldbruck, Br., 1993,
Ulrich v. Bocksberg, s. Hausfrau u. s. Erben, Maria Schwabpaur,
Mttr. 1676, M. Franziska Fugger, Oberin im kgl. Stift zu Hall 1794
M. Franziska Mayr, Schw. 1844, Hochw. Anton Mätzler, Domkapi-
tular v. Augsburg 1857, Veronika Schnehle geb. Wörle v. Reimlin-
gen, Schw. 1889,

Abtei Maria Frieden in Kirschletten. Äbtissin im Gespräch mit den Mitschwestern.

Oberschönenfeld, Sr. Angela, die Gärtnerin bei der Arbeit.

In der Klosterküche. Sr. Laetitia, Sr. Katharina und Sr. Mechtild von Oberschönenfeld.

Kellenried. Am Tisch der Alten. Zur „refectio corporis" (daher Refectorium von „reficere"), der körperlichen Stärkung gehört die „renovatio animi", die Auffrischung des Geistes. Dies geschieht durch die Tischlesung, die in Kellenried sogar durch Anhören entsprechender Musik erweitert wird.

„Sie sind dann wirklich Mönche, wenn sie wie unsere Väter und die Apostel von ihrer Hände Arbeit leben", heißt es in der Regel Benedikts (Kap. 48, 8). Benediktinerinnenabtei Maria Frieden Kirschletten. Im Kuhstall.

Original
Ettaler
Kloster
Liqueur

Abtei Ettal, Deutschland. „Ettaler Klosterliqueur". Fr. Korbinian und Fr. Nikolaus sind außer dem Abt die einzigen, die das Rezept, das „Klostergeheimnis", kennen.

Oberschönenfeld. Äbtissin Ancilla ordnet Bilder und Statuen, die aus der Restaurierwerkstätte zurückkamen.

IN CORDE GERTRUDIS IN VENIETIS ME.
IESU DULCIS MEMORIA

Abtei der Missionsbenediktiner von Münsterschwarzach. Bei den Goldschmieden.

Stift Geras (N.Ö.). Teilnehmer aus dem bunten Malervolk, das seit 25 Jahren Geras und seine Umgebung, das Waldviertel, belebt, wurden zum Gruppenfoto in der Säulenhalle des Klosters postiert. Kunst, Kultur und Kultus verweisen nicht nur auf eine gemeinsame Sprachwurzel, sie gehörten, vor allem in den Klöstern immer zusammen. In Geras findet diese bewährte Symbiose ihre Aktualisierung für die Jetztzeit, zu Gunsten aller Mitmenschen. Motto: „Porta patet, magis cor – das Tor steht offen, noch mehr das Herz."

Sinnvolle Freizeit auch für die Nonnen. Abtei Oberschönenfeld.

Benediktinerinnenabtei Maria Frieden in Kirschletten. Rekreation der Schwestern mit philippinischem Nationaltanz „Tinikling". Das erinnert an die große Theresa von Avila, die gerne mit ihren Schwestern zur Freude und Ehre Gottes tanzte. Von ihr stammt auch das Wort: „Wenn Rebhuhn, dann Rebhuhn, wenn fasten, dann fasten."

Malerischer Ausschnitt aus dem Missionsmuseum der Erzabtei St. Ottilien.

holden) angesprochen wurden.
Bis jetzt berichtete ich von allen diesen Struktur- und Organisationsformen der Klöster und Orden, auch den mehr juridischen Komponenten und den Grundlagen des Kirchenrechts, unter dem Gesichtspunkt der „Spiritualia". Unter diesen Begriff fällt nicht nur die jeweilige Spiritualität eines „Instituts des gottgeweihten Lebens" – ich bediene mich bewußt der neuesten Terminologie des Codex Juris Canonici –, sondern auch ihre oft eigenwillige Eigenart in Aufbau und Liturgie mit ihrer eigenständigen Choralüberlieferung. Mit dem je unterschiedlichen Selbstverständnis und der juristischen Unabhängigkeit hängen vielmehr auch die „Temporalia", die weltlichen Dinge, Besitz und Selbstdarstellung im Äußeren zusammen. Ich denke hier nicht zuletzt an die Klostergebäude und deren Gestaltung.
Bevor ich mich jedoch den Besitzverhältnissen und Eigentumsstrukturen zuwende, sei mir noch eine Anmerkung zu den Kartäusern, dem vierten der „alten Orden", gestattet. Die Kartausen werden leicht übersehen, da sie größtenteils aufgehoben wurden: in Österreich Ardagger, Gaming, Mauerbach u. a. durch Kaiser Josef II., in Deutschland durch die Säkularisation und in Frankreich durch die Revolution alle beschaulichen Klöster. Von ursprünglich 271 Klöstern blieben nur 23 übrig. Wo sie noch oder wieder bestehen, wie in Marienau

„Makande-Schnitzerei" aus Schwarzafrika.

Benediktinerinnenabtei St. Maria in Fulda. Ein Blick in das Atelier von Sr. Lioba Munz OSB.

(bei Bad Wurzach, seit 1964), ist der Zugang meist verwehrt. Die Söhne des hl. Bruno von Köln (1032–1101) suchen die völlige Abgeschiedenheit und leben deshalb auch in weitgehender Autarkie. In der Grande Chartreuse, nahe von Grenoble (Frankreich), leitet heute noch der Großprior die Geschicke des ganzen Ordens, der sich von Anfang an durch die Unterteilung in Priestermönche und Konversbrüder – selbst was die Gebäudeanlagen betraf – von allen übrigen Orden unterschied.

In jedem Kloster steht ein Prior (kein Abt) der Gemeinschaft vor. Ich erwähne die Kartäuser weniger ihrer besonderen Ordenskonstruktion als vielmehr ihres – bis jetzt leider nur wenig erforschten – Einflusses auf die klösterlichen Liturgien wegen, der während des Mittelalters, ja, bis ins 15. Jahrhundert hinein – man denke etwa an die Melker Reform und an Vinzenz von Aggsbach – nachwirkte.

In unserem Jahrhundert kam es zu zusätzlichen Zusammenschlüssen aller Ordensinstitute: So gibt es eine stehende „Superiorenkonferenz“ unter Vorsitz eines Abtes bzw. einer Oberin oder Generaloberin und Federführung einer Geschäftsleitung mit Generalsekretär samt Mitarbeiterstab. In Österreich begann dieser Zusammenschluß in den 50er Jahren und nahm 1963 Gestalt an, als der damalige Abtprimas der Augustiner Chorherren, Prälat Gebhard

Koberger, den Vorsitz übernahm, während der damals emeritierte Abt Isfried Franz, mein Vorgänger in Eibenstein und Geras, die Geschäfte als Generalsekretär ausübte. Mit der Superiorenkonferenz wurde eine Organisation aufgebaut, die als Standesvertretung dem Staat und allen öffentlichen Stellen gegenüber die Interessen der männlichen und weiblichen Orden wahrnimmt. Jährlich einmal treffen sich die Oberen aller Klöster, Orden und Kongregationen in Wien, um eine Woche lang zu beraten. In Fachreferaten und Vorträgen werden aktuelle Fragen und Probleme behandelt, die für alle wichtigen Aufgabenbereiche (Schulen, Krankenhäuser, die diversen Wirtschaftsbetriebe, Steuer- und Finanzverwaltung usw.), vor allem aber auch für die spirituelle Weiterbildung von Bedeutung sind. Daß bei einer solchen Veranstaltung der gegenseitige Gedanken- und Erfahrungsaustausch ebenfalls eine große Rolle spielt, versteht sich von selbst. Über die eigene Zeitschrift „Ordensnachrichten" werden sämtliche Mitglieder laufend über wichtige Themen aus dem geistlichen und wirtschaftlichen Leben informiert. Einmal jährlich veröffentlicht die Superiorenkonferenz schließlich den Personalstand aller in ihr zusammengefaßten Institute, Klöster, Kongregationen und Orden. Diese Einrichtung der Superiorenkonferenzen gibt es heute in fast allen Ländern Europas. Nach der Wende des Jahres 1989 konnte von Österreich aus die notwendige Hilfe für den endgültigen Ausbau ähnlicher Zusammenschlüsse in den Staaten des ehemaligen Ostblocks gefördert und unterstützt werden, die vorher im Untergrund – ich war einmal in Prag dabei – arbeiteten. Als Dachorganisation fungiert mittlerweile auch eine europäische Superiorenkonferenz.

Innerhalb der Orden gibt es als zusätzliche Vernetzung auch die regionalen oder auf Sprachebenen bezogenen Gliederungen, wie Kongregationen oder Zirkarien.

Das österreichische Montecassino: Stift Göttweig.

Abt Vitus Tajovsky O. Praem. Seit 7. Januar 1948 Abt der Kanonie von Želiv (Selau). 20 Jahre davon verbrachte er, eingekerkert von den Kommunisten, in Gefängnissen und Arbeitslagern. Im Untergrund blieb er trotzdem die Integrationsfigur für die Mitbrüder aus dem Orden, viele Priester und Mitchristen. Mit freudigem Optimismus, wenngleich unter großen Mühen, leitet er den Wiederaufbau seines Klosters. Abt Vitus ist Paterabbas (Vaterabt) für den Abt von Geras (Filiusabbas), weil Geras von Selau aus, 1153, besiedelt wurde.

„UNTERM KRUMMSTAB IST GUT LEBEN"

VOM BESITZ DER KLÖSTER UND ORDEN SOWIE DEN FORMEN UND STRUKTUREN WIRTSCHAFTLICHER AUTONOMIE

Wer möchte hinter der romanischen Elfenbeinkrümme oder dem üppig verzierten Barockstab (= „pedum" oder „baculum", was Stab bedeutet) eines Abt- oder Bischofsstabs noch den Hirtenstecken vermuten, der den „guten Hirten", altes Symbolbild für Christus, ausmachte? Wie so oft wurde auch in dieses schöne Zeichen der Sorge für die Mitmenschen, die „geduldigen Lämmer", manch Heidnisches hineingeschwindelt. Aus etruskischer Überlieferung dürfte die Ideologisierung des Stabes stammen, der in späterer christlicher Zeit als Zeichen der Macht hochstilisiert und in die Nähe des Herrscherstabs gerückt wurde. Unser geflügeltes Wort vom Krummstab, unter dem gut zu leben war und ist, kommt aus den Zeiten, da die Äbte schon das Recht der Pontifikalien hatten und zugleich die Vertreter der geistlichen Grundherrschaft waren. Der Spruch besagt wohl, daß man sich – ich zitiere wieder – „an eine Klostermauer gut anlehnen kann".
Hier kann ich erläuternd einsteigen und die Besitzverhältnisse unserer Klöster erklären, wobei mir auch hierin meine Eigenerfahrung in der Funktion als „Provisor und Waldmeister" nützlich ist. Vorausschicken möchte ich jedoch: Wir Menschen in den Klöstern müssen rechnen, teilweise hart rechnen, um mit großer Sorge und ganzem Einsatz das Geld für die Erhaltung unserer Häuser auftreiben zu können, wir sehen aber zuerst den Menschen, dann das Geld.
Grundsätzlich gilt, daß jeder einzelne Ordensangehörige für sich selbst nichts besitzt. Er hat die Armut nicht nur gelobt, sondern er muß sie halten, wenngleich ihm alles zur Verfügung steht, was er zum Leben und für seine Ausbildung und Arbeit benötigt. Bis vor etwa fünfzehn Jahren war in Österreich ein Angehöriger eines Ordens nicht einmal in grundbücherlicher oder notarieller Relevanz zeichnungsberechtigt. Grundbuchsführer und Notare waren gehalten, ihnen die Bestätigung zu verweigern. Mittlerweile wurde das durch päpstliches Indult geändert, aber mir sind unter diesem Gesichtspunkt bis heute Vorgänge unverständlich, die in einem angesehenen österreichischen Kloster zur Absetzung des Abtes und zu Gerichtsverfahren führten. Jeder Kauf, jeder Verkauf, jede Darlehenseintragung in das Grundbuch eines Stiftes müssen von den offiziell Zeichnungsberechtigten vorgenommen werden. Diese sind der Abt bzw. der oder die Oberen und in Gegenzeichnung ein Vertreter der Kommunität, bei uns der Prior. Jeder derartige Vertrag kommt sodann bei der zuständigen bischöflichen Rechtsabteilung in Vorlage, die wiederum die Gültigkeit und Berechtigung der Unterschriften zu bestätigen hat. Im Mittelalter wurden solche Urkunden unabhängig voneinander mit zwei Siegeln versehen, dem Wappen des Abtes, der sein eigenes Wappen führte und heute noch führt, und dem Wappen des Konvents, das der gewählte Vertreter bzw. Prior, der nicht nur als Stellvertreter des Abtes fungiert, sondern auch den Konvent vertritt, zum Zeichen der Übereinstimmung mit dem Abt benützt.
Es war die Rede von der bischöflichen Behörde. Ihr kommt nur im Bestätigungsverfahren eine gewisse Aufsichtspflicht zu.

Methodius Vitula O. Praem. von Nová Říše (Neureisch). Er übernahm die undankbare Aufgabe, Nová Říše von einem Armeelager wieder in ein Kloster umzuwandeln. Er kannte die Kunstschätze seines Hauses vor der Aufhebung und konnte sie deshalb wieder zurückholen. Daß er dennoch besorgt in die Zukunft blickt, versteht jeder, der um die personellen und finanziellen Probleme der Brüder in den ehemaligen Oststaaten weiß.

Der Besitz eines jeden Klosters besteht unabhängig von Bischof und Diözese, ja sogar unabhängig von Rom. Jede Abtei ist daher ein Wirtschaftskörper auf eigene Gefahr und Erfolg. Unsere Gewinne landen weder in Rom beim Heiligen Vater noch in den Finanzkammern der Diözese. Umgekehrt belastet auch Risiko oder Verlust nur das betreffende Stift, wenn es sich um ein Kloster der Alten Orden handelt, bei den späteren Orden, diesen selbst, die Provinz oder die Kongregation. In diesem Zusammenhang muß sofort hinzugefügt werden: Wir leben auch nicht von der Kirchensteuer. Nur für jene Mitbrüder, die in der Seelsorge einer Diözese stehen, beziehen wir die üblichen Gehaltszuweisungen.
Der Besitzstand der einzelnen Klöster ist völlig unterschiedlich. Einer alten Erfahrung nach – ich fand solche Bemerkungen in den vielen mittelalterlichen Visitationsurkunden – sind jene Klöster am reichsten, deren Mitglieder das Gelübde der Armut am besten befolgen. Ein Mönch ist für sich selbst arm. Er benötigt auch nichts, er kann alles von seinem Oberen erwarten und darf sich in seiner Kommunität eingebunden und abgesichert wissen. Es steht ihm die „portio canonica" zu, das tägliche Essen und insgesamt ein angemessener Lebensunterhalt. Allein die Kosten für die Ausbildung unserer Juniores, von diesen oft so selbstverständlich angenommen und in die Länge gezogen, machen beträchtliche Summen aus. Sie werden aus der „capsa communis", der gemeinsamen Kasse bzw. aus den Einkünften der Vermögensverwaltung finanziert. Auf der anderen Seite gilt: „Quae monachus acquiritur, monasterio acquiritur – was ein Mönch erwirbt oder verdient, das erwirbt er für das Kloster."
Ich muß wahrscheinlich verdeutlichen, worin unsere Einkünfte sowie unsere Ausgaben und Belastungen bestehen. Zunächst gehört zu jeder Abtei meist eine gewisse Dotation, ein „patrimonium" oder Stiftungsvermögen, das normalerweise in Liegenschaften, weniger in Kapitalanlagen, besteht. In Österreich gehören zu den nicht säkularisierten Klöstern Besitzungen, die bis zur Gründung zurückreichen. Von meiner Abtei kenne ich genau die Grundstücke, die seit 1153 von uns, von meinen Vorgängern und heute von mir bewirtschaftet wurden und werden. Sie sind in der Stiftungsurkunde beschrieben. Das verpflichtet und setzt Emotionen frei. Die Größe der Stiftungen und der Besitzungen ist erwartungsgemäß sehr unterschiedlich. Deshalb schlägt gelegentlich von Kloster zu Kloster die sprichwörtliche „invidia clericalis – der Neid der Kleriker" zu Buche. Es fällt schwer, sich am Erfolg dessen zu freuen, der sich – gemeint sind dann schon alle Mitbrüder eines Konvents – im Vergleich zum eigenen Besitz wie ein Habenichts ausnimmt und trotzdem zu Erfolg kommt oder gar bekannter wird. Daraus kann nur die eine Erkenntnis abgeleitet werden: Jedes Kloster ist ein „dominium sui juris – ein eigener Rechts- und Machtbereich". Die Kooperation über die eigenen Grenzen hinaus ist allemal schwierig und nur auf Gebieten möglich, die jedem seinen Vorteil bringen oder wenigstens belassen und absichern helfen (ich erinnere an die Superiorenkonferenz, der in Österreich auch eine Wirtschaftskanzlei, die „Unitas Solidaris" nachgeschaltet ist). Dabei zahlen alle Klöster und Ordensgemeinschaften Steuern und dies selbst dort, wo wir im Sinne des Denkmalschutzes tätig werden. Generell verschlingt die Gebäudeerhaltung den größten Teil aller unserer Einnahmen. Ich möchte aus eigener leidvoller und zugleich erfreulicher Erfahrung sagen, daß trotzdem diese unsere Verantwortung und dieser unser Beitrag zur Erhaltung wertvollster Kulturgüter eines Volkes gar nicht hoch genug angesetzt werden kann, daß dies dem einzelnen wie dem Kloster aber auch Ehre und Erfolg einbringt. Dabei darf freilich nicht verges-

sen werden, daß – in Österreich jedenfalls – die Stifte, die sich nicht nur wie Edelsteine in einer Landschaft ausnehmen, sondern auch unter vielseitigen, nicht zuletzt wirtschaftlichen Gesichtspunkten wichtigste Zentren bilden, ohne den freiwilligen und unbezahlten Einsatz ihrer Bewohner nicht existieren könnten.

Die Klöster in Tschechien und Ungarn und ihre Besitzungen

An dieser Stelle möchte ich ein Wort für meine Mitbrüder in Tschechien und Ungarn sprechen, die zwar ihre Häuser – meist in desolatem Zustand – nach der Wende von 1989 zurückerstattet bekamen, aber noch immer ihrer Besitzungen beraubt sind. Bei aller Hilfe, die aus dem Westen kommt, können sie angesichts der gegebenen Belastungen auf Langzeit nicht überleben, ganz abgesehen von der Tatsache, daß ein Staat kaum als Rechtsstaat gelten kann, der durch Unrecht den Besitz der Kirche und der Klöster annektiert. Dabei wäre es durchaus denkbar, daß auch in den Ländern des ehemaligen Ostblocks gerade die Klöster als Zentren eines gesunden Wiederaufbaus eine wertvolle Rolle spielen könnten. Die Kunstschätze und die entsprechende Bausubstanz sind vorhanden, wie unsere Bilder unter Beweis stellen.

Kloster Želiv in Tschechien. Die von den Kommunisten geplünderten Schätze müssen gefunden, gesammelt und restauriert werden.

Das Grab des Ordensgründers der Prämonstratenser, des hl. Norbert von Xanten (1080–1134), in der Abteikirche von Strahov, Prag.

Prämonstratenser von Strahov beim abendlichen „Salve regina", das sie täglich vor der Mariensäule mit Blick auf Prag singen. Sie waren bis 1989 von ihrer Abtei vertrieben und mußten, wie alle anderen Ordensleute, im Untergrund leben.

Chorgestühl in der ehemaligen Abteikirche von Bad Schussenried.

RINGKUSS, EUER GNADEN?

VON TITELN UND DEM UMGANG MIT IHNEN. EIN KNIGGE FÜR ALTMODISCHE, POLITIKER UND SOLCHE, DIE ES WISSEN WOLLEN

Bis zum Vaticanum II war es üblich, den Ring eines Abtes oder eines Bischofs, Kardinals und des Papstes zu küssen und dabei eine Kniebeuge zu machen. Diese Ehrenbezeugung geht weit in die Geschichte des Abendlandes (nicht nur der Kirche) zurück und setzt ein völlig anderes Verständnis von Autorität als jenes unseres demokratischen Selbstbewußtseins voraus. Dies gilt auch für die Kniebeuge vor dem Papst, die an die Proskynesis im byzantinischen Reich vor dem Kaiser erinnert und erst unter Papst Johannes XXIII. abgeschafft wurde. Ich war selbst Zeuge einer Audienz, in der ein „Hoffotograf" noch vor dem Papst in die Knie ging, Johannes XXIII. sich uns zuwandte und sagte: „Jetzt weiß er immer noch nicht, daß ich das abgeschafft habe." Nicht alle „Kirchenfürsten" dachten ähnlich. Es ist schon lange her, aber in der Erzabtei Beuron – ich leite dieses Kapitel bewußt so ein, damit jedermann mein persönliches Verhältnis zu solchen Ehrenbezeugungen spürt – weigerte sich ein Mönch hartnäckig dem Abt den Ring zu küssen. Dieser aber legte Wert darauf. Nach etlichen Ermahnungen kam dem Erzabt der Gedanke, daß es auf einen Ringkuß einen Ablaß gebe und er erklärte seinem Mitbruder: „Wissen Sie nicht, daß auf einem Ringkuß 200 Tage Ablaß stehen?" Worauf der Angesprochene antwortete: „Ich weiß es, aber ich spreche lieber einmal ‚Mein Jesus, Barmherzigkeit' und erhalte dafür 250 Tage Ablaß!" Gott sei Dank, „tempi passati" – die gute, alte Zeit! Nun gäbe es eine breite Palette an alten Titeln, die alle aufzuzählen müßig ist. Ich möchte lediglich Grundsätzliches nennen, weil es mir und vielen von uns passiert, daß sie zwar als „Prälat", als „Abt" angesprochen werden, oft sogar mit „Euer Gnaden", aber dann das „Hochwürden" folgt, während der einfache „Hochwürden" dem „Hochwürdigst" ausgesetzt wird. Dabei – und ich möchte dieses sehr betonen und unterstrichen wissen – legt keiner von uns auf die alten, überholten Titel besonderen Wert. Wenn freilich Titel, dann richtig. Ich selbst halte es gerne mit der Regel des hl. Benedikt, der sagt: „Abbas et dominus vocetur – er werde Abt und Herr genannt." Ich beschränke mich, wie gesagt, auf Grundsätzliches:

Die kirchlichen Titel erwachsen aus der Tatsache der Weihe bzw. aus den kirchlichen Würden sowie aus den weltlichen Funktionen, die sich aus der Stellung und den Aufgaben eines kirchlichen Würdenträgers im Machtgefüge des „heiligen römischen Reiches deutscher Nation" bzw. aus der „geistlichen Grundherrschaft" ergaben. Ich bin sehr froh, daß ich in der Vergangenheit schreiben kann: „Es war einmal." Macht tat der Kirche nämlich nie gut, ebensowenig wie auf der persönlichen Ebene das „dolce far niente", in der monastischen „Phraseologie" die „acedia" – die üble Laune, die aus dem spirituellen wie dem manuellen Nichtstun erwächst. (Die alten erfahrenen Mönchsväter beschreiben unter diesem Begriff, was wir heute „Frust" bzw. „Melancholie" zu nennen belieben.) Ich selbst bekenne mich zu jenem Titel, der auf jedem päpstlichen Sendschreiben zu lesen war und ist: N. N. „servus servorum dei – Diener der Diener Gottes".

Maria-Magdalena-Kirche in Jerusalem. Das Friedensbrot wird gemäß dem orthodoxen Ritus am Schluß des Gottesdienstes den Gläubigen gereicht, mit Handkuß und Verneigung.

Jerusalem. Patriarch Diodoros empfängt griechisch-orthodoxe Pilger.

Nach dem Vatikanum II forderten uns die Bischöfe, die „Exzellenzen" auf, sie mit „Herr Bischof" anzureden. Gleiches gilt für den Herrn Kardinal, dann natürlich auch für den Herrn Pfarrer, Herrn Abt ... Aber in Österreich ist es alte Erfahrung, daß von Staats wegen zwar alle Adelsprädikate aberkannt wurden, während der „Dr." noch immer integrierender Bestandteil des Namens ist, sich aber jedermann beeilt, „Herr Graf", „Eure Durchlaucht", auch „Kaiserliche Hochheit" zu sagen. Ähnlich verhält es sich mit den kirchlichen Titeln, die aus der Weihe und Würde abgeleitet sind und kurz zusammengefaßt lauten:
„Hochwürden, Hochwürdiger Herr ... – Reverendus" – für einen Diakon, Priester, Pfarrer.
„Hochwürdigster Herr ... – Reverendissimus" – für Äbte, Bischöfe, Kardinäle. Vielfach werden die Prälaten im Weltklerus ebenfalls so tituliert.
In der Höflichkeitsform der 3. Person, vergleichbar mit den Formen für die Anrede des Adels in entsprechenden Funktionen, gab es folgende Formeln:
„Perillustris ac Amplissimus Dominus – Euer Gnaden, hochwürdigster Herr ...", oder kurz: „Gnädiger Herr ..." für Äbte und Prälaten, die einst eine Grundherrschaft vertraten.
„Eure Exzellenz" für Bischöfe (Botschafter usw.), „Eure Eminenz" bei Kardinälen, wobei immer hinzugefügt wird: „Eure Eminenz, hochwürdigster Herr Kardinal".
In der Briefanschrift war abzusetzen:
„Seiner Exzellenz, dem hochwürdigsten Herrn, Herrn Dr. Korbinian Braun, Bischof bzw. Erzbischof von ..."
Aus der Fülle klösterlicher Anreden, hinter denen sich einst nicht nur Anstand, sondern auch eine theologische Sicht und Einstellung den Oberen gegenüber verbarg, seien nur einige wenige herausgegriffen: Die „Ehrwürdigen Frauen – Venerabiles Sorores" oder die „Ehrwürdigen Herren – Venerabiles Fratres ..., Confratres ..." sind die Schwestern und Brüder in den Klöstern. Die Hochwürden werden dabei, wie schon gezeigt, „standesgemäß" angesprochen, ebenso die Äbte und alle höheren Oberen. Prioren hingegen erhalten die Anrede „Plurimum Reverendus Dominus ..." bzw. „Pater – Sehr hochwürdiger Herr, Pater". Und schließlich die Subprioren (Supprioren): „Multum Reverendus ..."
Diese Aufzählung, einer Litanei vergleichbar, könnte beliebig ausgedehnt werden, denn bei vielen Orden kommen noch besondere Ämter und Bezeichnungen hinzu. Wenigstens die Grundlinien mögen erkennbar geworden sein. Und so wähle man aus! Entscheidend, so meine ich, ist und bleibt, daß sich alle mit Respekt und Anstand begegnen. Ich möchte persönlich hinzufügen: Es wäre uns im geistlichen Stand sehr geholfen, wenn wir nicht „pauschaliert" alle über einen Kamm geschoren würden: „Die Pfarrern, die Pfaffen, die Klosterbrüder, die Zölibatären ... Sie sind alle so!" Sollte jemand Schwierigkeiten haben, einem Herrn im geistlichen Stand als Persönlichkeit zu begegnen, dann möge er sich der Formeln des kirchlichen Umgangs bedienen. Ich möchte Manns genug und Persönlichkeit genug sein und immer mehr werden, hoffe also nicht, nur des Amtes oder des schönen Habits wegen respektiert oder geschätzt zu werden. Ich freue mich deshalb und bedarf nicht der Titel, wenn ich zum Ausdruck dessen nur mit meinem Namen und jenem Titel angesprochen werde, den ich mir redlich verdient habe. Doch auch darin darf jeder sich selbst sein, auch hinter Klostermauern. Freilich im Kloster sind wir „Abt Joachim" oder „Prior Gereon", „Mutter Oberin", „P. Raphael" oder „Herr Florian" , alle mögen sich jedoch als Bruder, Schwester in Christo fühlen! Und so wähle der Bruder und die Schwester aus „der Welt", aus dem „Volk der Erlösten", aus, uns gebührend und liebevoll anzusprechen.

Klösterlicher Tagesablauf

Den Rhythmus im klösterlichen Alltag bestimmt das gemeinsame Gebet. Im 16. Kapitel seiner Regel zitiert der hl.Benedikt den Psalm 119 mit den Worten: „Siebenmal am Tag singe ich dein Lob". Von ihm stammt auch jene Einteilung, die für die weitere Entwicklung des Chorgebets und vor allem des Chorgesangs die wichtigste Grundlage wurde. Die Kapitel seiner Regel 8–20 führen zur Ausformung dessen, was wir heute das Offizium, das Chorgebet nennen. Vor allem der gesanglichen Version samt der dazu nötigen schriftlichen Überlieferung, bekannt durch die Melodien der Gregorianik, verdanken wir unser Notensystem (Guido von Arezzo) und die Entwicklung der frühen Mehrstimmigkeit, aus der schließlich die abendländische Musik entstehen konnte. Benedikt erblickt in der Einhaltung der Siebenzahl der Chorzeiten, „von Laudes, Prim, Terz, Sext, Non, Vesper und Komplet" (Kap. 16, 2), einen „schuldigen Dienst", den die Mönche zu leisten haben. Noch heute ist diese Einteilung üblich, nur werden die einzelnen „Tagzeiten" kaum mehr zur ersten, zur dritten, zur sechsten oder zur neunten Stunde gesungen oder gebetet. Unser Zeitsystem ist ein anderes.
Wie sieht heute der Tagesablauf in den Klöstern aus? Ich muß vorausschicken, daß es trotz der grundsätzlichen Übereinstimmung in der Gebetsordnung schon immer von Kloster zu Kloster gewisse Unterschiede gegeben hat und gibt. Wie eben manche Kommunitäten größer oder kleiner sind und mehr oder eben weniger Beter und Sänger haben, oder auch andere Schwerpunkte in den Aufgabenbereichen aufweisen. In einem „Seelsorgsorden" ist es schwieriger alle als Pfarrer außerhalb des Klosters tätigen Mitbrüder immer zu der gemeinsamen Liturgiefeier in die Abteikirche zu versammeln. Sehr verläßlich und schön wird die Pflege des Offiziums, des Gotteslobs, meist in den Frauenklöstern vollzogen. Ich möchte daher den Tagesablauf aus Oberschönenfeld wiedergeben, weil allein der optische Eindruck (siehe S. 154–155) das Akustische erahnen läßt.
In einem Kirchenführer dieser Abtei heißt es ansprechend:
„Wir laden Sie ein, mit uns zu beten:
4.30 Matutin und Laudes, Stundengebet
6.45 Arbeitsweihe, Terz, Stundengebet
7.00 Choralamt (sonntags 8.30 Uhr)
11.50 Sext, Stundengebet
12.40 Non, Stundengebet
18.00 Vesper, Stundengebet
19.30 Komplet, Stundengebet."
Innerhalb dieses Rahmens muß sich selbstverständlich das gesamte übrige Leben bewegen. Mit anderen Worten, Arbeit und Gebet wechseln einander ab, wovon das benediktinische „Ora et labora – bete und arbeite" abgeleitet wurde. Natürlich fallen dazwischen auch die Essenszeiten und die Stunden der Erholung, der Rekreation, des beschaulichen Gebets (Meditation), der geistlichen Lesung und des Schlafens.
In vielen Klöstern ist der Tagesablauf nicht mehr so streng wie in Oberschönenfeld. Meist gilt – nach meinen Erkundigungen – folgende Ordnung:
7 Uhr Frühchor
9 Uhr oder 19 Uhr Gottesdienst
12 Uhr Mittagshore
18 Uhr Vesper
20 Uhr Komplet.
Ich selbst empfinde die festgesetzten Zeiten für das gemeinsame Gebet wie ruhende Pole in der Härte des täglichen Arbeitseinsatzes, aus denen innere Kraft zufließt. Zusätzlich hilft diese Aufteilung und Gliederung des Tages, den Wert der Zeit schätzen zu lernen. Wie wir überhaupt gehalten sind, nach dem Wort des Psalmisten zu leben: „Meine Tage zu zählen, lehre mich, o Herr."

„Heinrichskreuz" (1020), Domschatz in Fritzlar, Deutschland.